良性尷尬

GOOD AWKWARD

How to Embrace the Embarrassing and Celebrate the Cringe to Become the Bravest You

尷尬不是壞事，
它能為你創造優勢

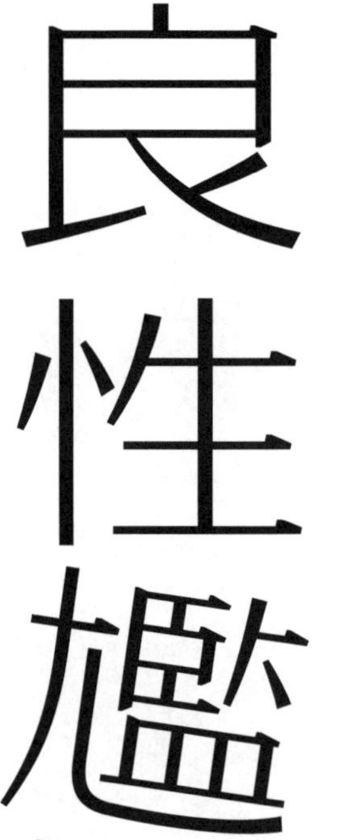

亨娜・普萊爾 Henna Pryor 著

朱怡康 譯

獻給萊拉（Laila）和贊恩（Zain）。

我愛你們勝過世上一切巧克力蛋。

Contents

良性尷尬的力量

要是你幾年前告訴我，本人，亨娜・普萊爾，和好萊塢女神珍妮佛・勞倫斯（Jennifer Lawrence）有共同點，我一定會問你：「你嗑了什麼？」

勞倫斯是全球聞名的電影巨星，拍過一部又一部賣座好戲，代表作有《飢餓遊戲》（*The Hunger Games*）系列、《派特的幸福劇本》（*Silver Linings Playbook*）、《瞞天大佈局》（*American Hustle*）等等。她在短短幾年之內達成一連串成就，除了入選《時代》（*Time*）雜誌「百大影響力人物」之外，還囊括天底下每一座獎項：奧斯卡獎、金球獎、觀眾票選獎，連青少年票選「最佳喇舌」獎都不放過。而且對大多數人來說，她漂亮得不得了。

好的，這個女人有驚人美貌，銀行裡有滿坑滿谷的錢，世界各地有無數粉絲，似乎不費吹灰之力就有拍片機會從天上掉下來，**同時**還是接吻高手？

嗯哼，我看世界上真的有完美的人。

按照社會科學法則，像這種連年長居人生勝利組的人，大多數人應該不喜歡她。歷史證明：越成功的人越容易招來羨慕和嫉妒。所以，看到有人以彗星般的速度直奔成功，我們（好啦，**我**）會覺得自己十足是個廢物。一邊是珍妮佛．勞倫斯，另一邊是我這個出身德拉瓦州（Delaware）的巴基斯坦裔笨拙女子，要怎麼比？

但令人驚訝的是，即使在珍妮佛．勞倫斯人氣最旺的時候，大多數人也不討厭她。

我們喜歡她。

YouGov 是全國性評等服務，可以對幾百萬人進行調查，估算成千上萬種事物受歡迎的程度。不論是品牌、公司或人（如珍妮佛．勞倫斯），都可以透過 YouGov 一探人氣。在我寫這本書的時候，珍妮佛．勞倫斯的分數直衝天際，對她勾選「不喜歡」的人只有9%。

為什麼我們覺得她這麼討人喜歡、這麼有吸引力，對其他美貌、名氣、財富、天分和她不相上下的人卻沒有這種感覺，反倒覺得他們像另一個星球的人？

簡單來說：因為出糗對她來說是家常便飯。

雖然勞倫斯早年也曾努力表現優雅，但她似乎就是展露不出老派好萊塢女星那種雍容華貴。二〇一三年贏得奧斯卡最佳女主角獎的時候，她走上舞台領獎卻絆到禮服，跌了一跤。她自嘲說：「你們起立鼓掌，一定是看到我跌倒，覺得我可憐吧？真糗，但謝謝大家。」

剛入行時，她應徵過 Abercrombie & Fitch 的模特兒，拍了一些在海灘打橄欖球的照片。「別的模特兒打橄欖球畫面優美，但我不是。」她對脫口秀主持人葛拉漢·諾頓（Graham Norton）說：「我的臉曬得通紅，渾身是汗，鼻孔還開開的。」勞倫斯那次的相片他們一張也沒用。

她經常笨手笨腳、邋邋遢遢、粗枝大葉，還老是出糗。有一次接受吉米·

法倫（Jimmy Fallon）訪問，她說自己天生就是大剌剌的個性，對於有人說這是她刻意塑造的「人設」，她深感無奈。事實上，她坦言自己經常為外在表現感到丟臉。

但經過幾年歷練，勞倫斯學會擁抱自己比較不優雅的一面，把尷尬時刻當成有意義的插曲，不再迴避，反而接受它們是自己天性中珍貴的一部分。我大半輩子拚命隱藏不甚端莊的人格特質，全力掩蓋他人眼裡的缺點，勞倫斯卻大大方方公開展現。

這招有用。

二〇一二年，IndieWire評論網說勞倫斯在螢幕下「平易近人，謙虛而不做作」，感覺像我們的一分子。她舉手投足間流露的自信並不令人望而生畏，反而讓你覺得自己或許有朝一日也做得到。最重要的是，大多數人覺得她這樣大方面對尷尬真的很不錯。

我二十多歲以前根本不知道有這個選項，只知道惡性尷尬。那是我正式進入職場的第二年，在一家聲譽不錯的會計事務所上班，上司指派我支援一名新合夥人的計畫——就先叫他艾德好了。旺季有一天我們加班到深夜，好不容易有時間休息一下，打開外賣晚餐吃。話題漸漸轉向名牌包。

艾德在我眼裡是個樸實的人。他點雞柳條當晚餐，提到自己對「豪華假期」興趣不大，反而更喜歡生活裡的小樂子，例如邊看老鷹隊比賽邊啃沾滿甜貝兒（Sweet Baby Rays）烤肉醬的雞翅、開露營車帶一家子去海邊玩等等。我覺得自己夠了解他了。

所以當話題轉向名牌包，我決定讓他知道我是真性情的自己人。「我不懂為什麼有人會為那種東西花幾千塊。」我說：「不貴的包包也能把東西裝得好好的。錢可以用在更好的地方，像幫助窮人。我總覺得那些人自戀過度、自我中心，滿腦子只想炫耀自己的地位。」艾德本來正要一口吃下沾滿番茄醬的雞柳條，此時卻停在嘴邊，盯著我說：「你可別跟我老婆講這個。她是杜嘉班納（Dolce & Gabbana）的產品開發主管。」

糗，我真是個大白目。

我想當真性情的自己人，沒想到成了自以為是的笨蛋。那時的我只想使出荷馬・辛普森（Homer Simpson）的大絕招——默默躲到樹叢後頭。我狼狽不已，面紅耳赤，氣氛一時尷尬得令人窒息。

過了幾秒——感覺像過了幾年，我忍不出衝口而出：「喔，實在太尷尬了。真是抱歉，我好糗。」見我馬上坦率道出感受，艾德和我彼此做了個誇張的鬼臉，一笑帶過。我們雖然放下了這件事，但我的自尊心還是受到打擊。我暗自發誓這輩子再也別與人閒聊，絕對不要再陷入這種惡性尷尬。

但隨著時間過去，我開始以強烈的好奇觀察也體驗尷尬，發現了一些連自己都十分驚訝的道理。

珍妮佛・勞倫斯不是孤例，她和我們敬重的商業巨星沒什麼不一樣，與莎拉・布雷克利（Sara Blakely）、蓋伊・拉茲（Guy Raz）、梅琳達・蓋茲（Melinda Gates）、雅莉安娜・哈芬登（Arianna Huffington）基本上是同一類人。在專業領域出類拔萃的人常有一個重要的共同點，只不過談的人不多：他們都懂得在兩個自己的落差之間找到出路。哪兩個自己？一個是他們眼中的自己，另一個是別人實際看到的他們。他們不掩飾這兩種自我意識的衝突，反而擁抱尷尬、歌頌尷尬。

即使你姑且同意我的看法，但一個人事業心越重，似乎就越難忍受自己陷入尷尬。我們對尷尬避之如瘟神，總是不計代價全力抗拒。多年以來，許多人已經相信尷尬和自信是互斥的。

但研究結果出人意表。透過研究和二十年的專業經驗，我發現：在你眼裡最有自信的人——最令你仰慕、敬佩、著迷的那些人——往往也是最尷尬的，內在和外在都是。他們只是找到了善用尷尬的辦法，學會與尷尬為友。

他們似乎並不自負，而且也有笨手笨腳的時候。但他們的尷尬讓我們覺得自己能向他們學習，與他們一同成長。他們讓我們一下子放鬆下來。對我們來說，他們願意讓我們看見笨拙的一面，是一種原始的、幾乎可以說是動物性的自信。他們面對尷尬的自信是**堅實的自信**（grounded confidence），與他們願意承擔的職涯風險大小直接相關，而這種勇氣已經為他們的事業帶來回報。

那麼，我們該怎麼獲得坦然面對尷尬的力量？怎麼在工作和生活中駕馭它？又該怎麼運用已經感到的尷尬承擔更多職涯風險，變得更有勇氣？

你會在這本書裡找到答案。在接下來的章節中，你會對人類最常見的情緒產生全新的看法，更了解尷尬感在過去如何阻礙你。這本書就像工具箱，裡頭裝滿提高尷尬忍受度的實用策略，不論你將來面對的情境多麼尷尬，這本書都能增加你冒險一試的勇氣。

那麼，究竟什麼是尷尬？

「Awkward」這個字的口感和體感一樣尷尬。光是把它大聲講出來，就需要嘴唇、舌頭、上顎做出一連串笨拙的運動。這是個不完美、不優雅、坑坑窪窪的字，帶來的感覺同樣不舒服。

每個人在職場上都遇過尷尬時刻。尷尬常常起於非預期的衝突或計畫外的事件，可能是一場彆扭的人際互動，也可能是一陣令人坐立難安的時刻。以下是幾個你可能也遇過的常見尷尬情境：

- **擁抱沒有回應**：你張手擁抱同事，但他們不想擁抱你，結果是一陣尷尬的「我們的手現在該幹嘛？」時刻。
- **服裝突兀**：到工作現場才發現穿搭風格和別人大相逕庭（例如大家都穿牛仔褲和勃肯鞋，只有你一身西裝），你覺得自己像是跑錯了地方。
- **尷尬的沉默**：開會時有人問你問題，但你不知道答案，全場一片死寂，幾秒鐘的難堪像是幾個鐘頭之久。
- **提議遭拒**：你和你的領導團隊分享新點子，但馬上被否決，讓你覺得無地自容。
- **表錯情**：你本來想稱讚一下同事，沒想到話說得奇怪或是不妥，對話變得尷尬。
- **趕不上期限**：你接下一個雄心勃勃的龐大計畫，最後卻在會議中表示無法如期完成。

這個清單輕輕鬆鬆就能繼續列下去，但如果到目前為止還沒有一個能勾起你類似的回憶，讓你彷彿再次被尷尬感淹沒（不客氣！），我會十分驚訝。就讓我們從這裡開始，進一步思考什麼是尷尬。「尷尬」到底是指什麼呢？（有請普萊爾教授登台說明，為各位提供幾個工作定義）

awk · ward / ˈôkwərd /（尷尬）

❶難以使用、執行或處理

「我得和老闆進行一場尷尬的對話。」

「那是場尷尬的談判，但我們最後搞定了。」

「他是個尷尬的客人。」（不好應付的人）

❷造成或感到難堪、擔憂或不便

「你讓我陷入非常尷尬的處境。」

「她的建議帶來一片尷尬的沉默。」

「只有我一個人發言，感覺有點尷尬。」

❸（動作或表情）不從容或不優雅／不自然或不放鬆

「這封電郵寫得尷尬，不好讀。」

「他是個尷尬人，不適合代表公司發表主題演講。」

這些定義的有趣之處在於，它們有三個沒有寫出的共同點：

❶它們都百分之百是主觀的。關於尷尬的對話大多透過社會或情緒建構的濾鏡。就「事實」而言，人或情境本身沒有尷不尷尬可言，決定它們是否尷尬的是其他人。「除非你的情緒狀態發生變化，感覺到情況不一樣了，否則你不算感到尷尬。」心理表現教練柯林・亨德森（Collin Henderson）說：「歸根究柢來說，感覺不是事實。光是出現某種感覺，並不代表那種感覺就是**真實**的。因為我們的行為表現不是根據真實，而是根據我們對真實的**感**

受。」

❷主觀的東西需要「他者」才能成立。尷尬是主觀的，代表它必須以我們的感覺、品味、看法為基礎（或者受我們的感覺、品味、看法影響）。「他者」可能是別人造成的感覺（例如難堪或不優雅），也可能是對某種情境或處境的看法（例如寫得詰屈聱牙的電郵）。走進廚房時絆了一跤，但沒人看到，你會尷尬嗎？在家裡朗讀公司備忘錄時讀錯某人的名字，但沒人聽見，你會尷尬嗎？大多數人的答案是不會。

❸尷尬感是習得的。隨脈絡不同，尷尬可以是狀態（我們經驗到的、暫時性的感覺），也可以是特徵（描述我們是什麼樣的人的形容詞）。但不論是哪一種，都不是與生俱來的。小孩子大多不在乎扯著嗓子唱歌走音，或是在廚房裡高舉雙手、甩肩膀、扭屁股盡情跳舞——即使有人看也無所謂，小孩子根本不在乎被看。

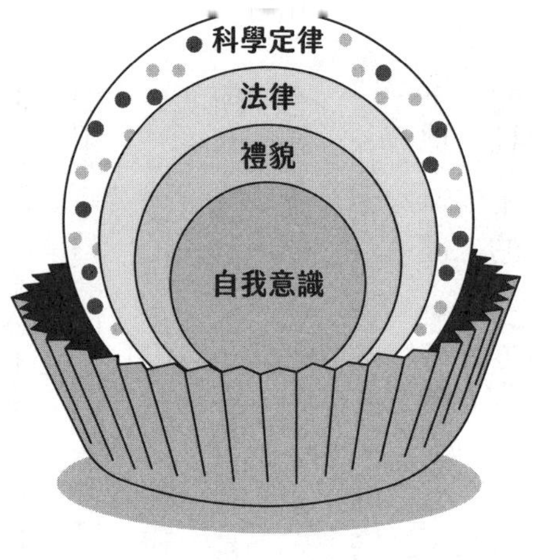

想知道某人或某物什麼時候稱得上尷尬，就不能錯過這些貫串「尷尬」定義的線索。不過，想真正掌握尷尬的核心，還必須為它補上脈絡，參照指導我們人際互動的整套力量框架。

我喜歡把這些指導我們人際互動的力量看做同心圓。因為我是巧克力迷，所以我私心喜歡把它們想成人際互動版金莎巧克力。

最外層的巧克力和榛果碎粒是**科學定律**，例如物理、生物等科學上的力量。雖然有些人可能想穿巧克力熔岩做的襯衫上班，但巧克力就是不可能穿在身上。

接下來是酥餅層——**法律**。我們不可能不理法律的力量。舉例來說，我家鄉賓州的議員規定不准在辦公場所吸菸，他們覺得這樣不太好。

再底下是奶油巧克力層——**社會期待**，例如文化規範、禮貌等等。比方說在公司，雖然不捂口鼻對著老闆打噴嚏不犯法，但別人會大皺眉頭，用排擠和非難懲罰你。恐怕還會有人說你粗魯或討人厭（我，那個「人」就是我）。

最後是位在中心的一整顆烤榛果（hazelnut）：**自我意識**，也就是尷尬之所在。滿貼切的，因為自我意識常讓我們感覺像傻子（nut），不是嗎？自我意識分兩種：私密的（private）和公眾的（public）。

私密自我意識是我們向內探索的傾向，檢視內在自我，發現自己的感覺、動機、恐懼、觸發機制等等。了解私密自我意識最簡單的方式，是把它想成某種私下的自我反省。私密自我意識也是我們隱而不顯的部分，別人在表面上不太容易看見，例如信念、志向、價值觀。

另一方面，公眾自我意識是覺察到自己在別人眼中的模樣，感覺像把自己的這些面向展示在公眾眼前。公眾自我意識是我們認為自己給予別人的印

象，不論我們願不願意，別人會根據這些特質認定我們是什麼樣的人。如果我們在產生公眾自我意識時戴上高科技讀心頭盔，它讀到的八成是「現在大家都看到我真正的樣子了」。

你或許已經想到，尷尬也是某種公眾自我意識。在「我們眼中的自己」和「我們認為別人眼中的我們」出現落差時，我們會感到尷尬。

自我意識像一道光，暴露所有藏身灰色地帶、連禮貌都稱不上的社會動力。舉例來說，和老

閫握手時間長了一點不違反生物定律，也不犯法。在禮貌上，握手該握多久也沒有清楚的答案。

但握手握太久就是令人尷尬。

「天啊，我居然和他握手握了整整三分鐘。我在幹嘛？這下可好，我流汗了，臉紅了，胃也開始不對勁。他下次開會會跟別人說我多奇怪嗎？」

為什麼我們會有這種感覺？更糟的是，為什麼我們總是對這種事特別執著？因為社會接納是非常實際、也根深蒂固的人類需求。尷尬感是大腦發出的訊號，告訴我們某件事在社會上有疑義，最好不要犯規，以免損害自己在社群中的地位。尷尬感就像無聲的心理掃描，幫助我們悄悄確認別人是否認可，以便融入群體，與人合作。

尷尬和其他許多情緒一樣是連續體，有輕重之分，強度取決於整體自我意識水準、當下情境、觀眾身分等諸多因素。某種情境可能作用輕微，尷尬感一下子就煙消雲散；另一種情境可能造成嚴重打擊，讓我們失魂落魄，心裡不斷重演強度十級的不安和焦慮好幾天、甚至好幾個星期，廚房垃圾桶塞滿吃光的一品脫冰淇淋空盒（不是我，我是聽朋友說的）。

尷尬不是什麼

我想很快澄清一下尷尬不是什麼：尷尬和無能或失敗不一樣。雖然大家有時把它們當成同義詞，但分清楚差異非常重要。

「無能」（inept）在定義上常指「敗塗地、毫不勝任，或是完全缺乏某個領域的技術或能力[1]。如果別人對你的工作或創業表現評價是「無能」，你恐怕不會太成功。如果我必須動大手術，我絕不想請無能的麻醉師幫忙，但令人尷尬的沒問題。

尷尬和脆弱也不一樣。研究者布芮尼．布朗（Brené Brown）說脆弱是「我們面臨不安、風險、情緒暴露（emotional exposure）時產生的情緒」。雖然尷尬和脆弱有重疊之處，可是在這本書的框架裡，尷尬的情緒暴露程度較低。尷尬在情緒暴露程度上不及脆弱，而且通常沒那麼私密。尷尬更為主觀，更隨情境而易。

請想像有兩個人在奧斯卡頒獎典禮上撞衫。「那種感覺沒那麼重，沒到『我做錯事了』那種程度，只是當下有點尷尬。」組織心理學家及作家黎安．戴維（Liane Davey）在《良性衝突》（*The Good Fight*）中說：「我不認為尷尬一定會傷害到自尊心。可是連尷尬都應付不來的事實代表我們有麻煩了，因為你得通過尷尬才能到達脆弱。」

這是我過去幾年的一大挑戰：雖然我崇拜布芮尼．布朗的一切，但我見過領導者和專業人士直接跳到假脆弱（faux-vulnerability），沒有先靜下心面對混亂的尷尬期。可是，如果我們無法擁抱手忙腳亂的階段，以它為踏腳石，展現真實的脆弱的機會就微乎其微。

我是這樣想的：尷尬是通向脆弱的邀請。

當你能對尷尬泰然處之，真實、勇敢又有情感智慧的領導力——領導別人和自己的能力，便近在咫尺。

我有一位團體教練客戶叫安娜，全國一夕之間因為疫情改成居家上班時，她是一家大型電信公司的資深副總。「你知道好笑的是什麼嗎？」她說：「我原本打從心底相信

1 據《牛津字典》（*Oxford Dictionary*）定義，「無能」是「沒有或展現不出技能」，《韋氏字典》（*Merriam-Webster's Dictionary*）是「無用」和「能力不足」。

我們執行長呆板無趣，是個連笑都不會的木頭，八成連上床睡覺都穿西裝。」

安娜進公司十年了，在她眼裡，執行長一直是個公事公辦、不苟言笑的人。可是在世界不得不開始遠端工作之後，他突然得在家中廚房中島主持視訊會議。開會時小孩扯他袖子，旁邊不時傳來狗叫。在家裡「辦公」的他一臉狼狽，失去平常的說話節奏，思路一再被打斷，手忙腳亂地處理一個又一個尷尬場面——全公司沒有人不喜歡。他們喜歡這樣的他，感覺既新鮮又陌生。

為什麼會這樣？

疫情期間，世界各地的團隊總算有機會見到上司陷入「良性尷尬」，顯露出他們以為的「不完美」。這些領導者第一次展現出沒那麼光鮮的一面，而大家**照．單．全．收**。在尋求讓人感到可靠、專業、精明的過程中，我們有時忘了自己人性的一面也同樣可貴。就像欣賞優美的陶器，裂痕反而讓它顯得特殊而有趣。

安娜的團隊現在回到混合上班模式，聽說她的執行長後來不再天天西裝革履（重大會議除外），在全公司電話會議時也輕鬆許多。讓別人看見他人性、尷尬、較不光鮮的一面帶來可觀的改變，領導團隊對他作為執行長的評價顯著提高。接下來幾個月，他發現擁抱自己尷尬的一面獲益良多，不僅活出真實的自己，也更容易和員工打成一片、更有助於提振士氣。他變得更懂得以同理心領導公司，為公司做出更好的決定。

迴避尷尬的代價

如果擁抱尷尬對事業和人生成功有這麼大的潛力，為什麼我們的直覺總是不惜一切代價避免尷尬？

心理科學協會（Association for Psychological Science）研究發現，我們的大腦會在青春期早期（八歲左右）發生變化，開始內化社會規範，自我意識也更加敏銳。在成長過程中，我們無可避免會違反社會規範，並為此感到難過或尷尬。累積夠多尷尬經驗之後，我們開始調整言行舉止，避免因此產生負面感受。

每經驗一次尷尬時刻，就像冒險肌肉又多了一處瘀青。當我們有心勇敢嘗試卻狼狽敗陣，在尷尬的濃煙裡灰頭土臉，我們通常不會還想再試一次。謝謝，不用了。

在低風險情境承受情緒衝擊已經夠令人尷尬，在高風險時刻，尷尬感更會倍數放大。在那種時候，我們很容易把感受和真正的自己混為一談。

在尋求讓人感到可靠、專業、精明的過程中，我們有時忘了自己人性的一面同樣可貴。

慢慢地，我們學會透過社會期待的濾鏡尋找自我。別人眼中的我是什麼樣子？我的表現符合他們對我的期待嗎？最重要的是，他們認可他們眼中的我嗎？

進入職涯生活後，我們的經驗和自信提高，也變得更渴望達成社會期待，於是我們變得更不容許自己冒險，更不敢邁出可能改善一切的關鍵一小步，像協商待遇、在有寶貴意見時勇敢提出、在有所貢獻時拿下功勞。

我們面臨的兩難困境是：人們既需要接納和歸屬感，又讚美那些似乎不在意這些的人。我們喜歡也欣賞別人大方接受尷尬，卻拚命抗拒自己陷入尷尬。但活在這種張力之中，是學習如何化尷尬為成功利器的一大關鍵。

如何擁抱尷尬

了解什麼是尷尬、什麼不是，的確是學習擁抱尷尬的好起點。但光是了解還不足以讓我們承擔職涯風險，進而達成目標。我在美國公司工作了二十年，見過不少絕頂聰明的專業人士原地踏步，錯過

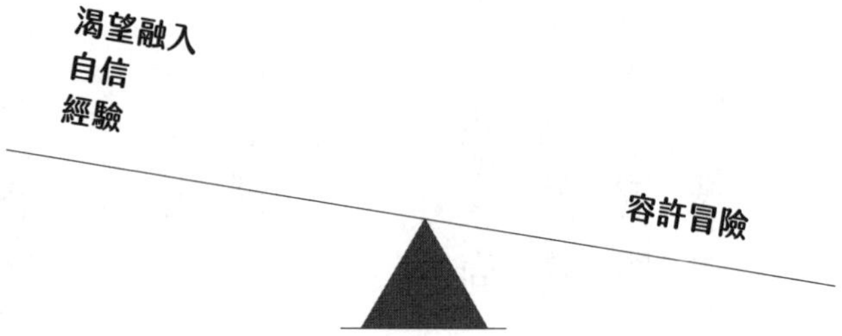

更好的機會、薪資、升遷和計畫，不解為何資格和志趣不如他們的同事更上一層樓。主因是什麼？因為他們那些同事願意擁抱尷尬，因為職涯成長之路的每一個轉捩點，都不可能避免尷尬。

接下來的章節，我會教你可行的步驟，讓你訓練大腦，變得像他們一樣能擁抱尷尬時刻。既然不論再怎麼嘗試，都不可能避免或消除這些經驗，不如學習如何在尷尬出現時做好準備。這樣當機會敲門，你會準備好回應。我之所以懂這些事，是因為我也必須學習如何擁抱尷尬。

我是移民家庭的長女，從小與周遭環境格格不入，穿著打扮和朋友不同，在那些「酷女生」把瀏海吹成九十度又噴髮膠的時候，我還在綁油亮的長辮子。我帶去學校的午餐是辣絞肉餡餅，氣味在同學的花生果醬三明治之間非常突兀。我對披頭四（Beatles）和佛利伍麥克（Fleetwood Mac）一無所知，因為我家從沒放過他們的音樂。

我急著向世界展現的「我」總是和世界實際看見的「我」衝突，我沒有一天不覺得尷尬得無地自容。

直到現在，我還是經常在服務生祝我用餐愉快時回答「你也是！」；在別人要和我擊掌時擁抱對方；一天至少回兩封電郵「鳥了」（直到我終於「瞭了」我回了什麼）；褲子沾了融化的巧克力做完整場報告；一有想法立刻講出來，即使沒有人問。

但有趣的是，同儕和同事經常說我破解了坦然面對尷尬的密碼——和珍妮佛．勞倫斯一樣。我得驕傲地說大致上是這樣沒錯，只不過破解密碼聽起來比我實際上做的酷多了。

我是職場表現專家，一直致力提升團隊勇氣，催生頂尖表現。我也曾與幾千名渴求這種自信的客戶合作。這種自信並不需要精雕細琢，更非遙不可及，反而實際、真實，每一個人都做得到。

在合作過程中，我們發現：擁抱尷尬最好的辦法，就是刻意花更多時間與它共處。強化尷尬忍受度的心理肌肉和強化其他肌肉一樣，需要集中注意力和具體的心理訓練。我越了解這種特殊的情緒，對這本書裡提供各位的具體策略越有信心。我的具體策略是什麼呢？——實行ＳＵＣＫ特訓（一套四階段練習框架），學習在尷尬時保持輕鬆和幽默，提升即興功力以快速加強尷尬忍受度。

不斷有客戶告訴我，他們不僅大幅提高在職場上承擔風險的能力，和團隊、家人、朋友的關係也變得明顯不同。新的自信風格不但讓他們內在更安適，也讓他們外在更迷人。

原來，成功的關鍵不是消除尷尬，而是為它做好準備。

不論尷尬對你來說是多年冤家還是新的對手，經過我自己的摸索和無數時間的研究，我已找到一些有科學根據的辦法，能幫助你用新的觀點和心態擁抱挑戰，進而度過尷尬。

如果你想知道如何在重大時刻更有勇氣和智慧承擔風險，而不是被世上無可避免的尷尬嚇得手足無措，這本書適合你。如果你希望跳脫自身窠臼，採取更有助於自己大步前進的行動——即便這樣做，似乎會讓你狼狽不堪——這本書你一定要讀。

為什麼擁抱尷尬在今日比以往更加重要

身而為人，我們已經與尷尬同行好幾個世紀。但隨著世界快速轉為混合上班模式，尷尬侵入過去互不侵擾的不同生活層面，我們的人際互動必須立刻調整。我們都能因心理肌肉訓練獲益，我更是如此。

有件事可以列入《尷尬世界紀錄》（*Awkwardness Book of World Records*），本人剛好是主角。重新恢復實體聚會之後，我第一次和新客戶開會。由於我有一段時間沒主持這種會議，我比平時緊張，感覺難度不低。那次大型訓練計畫可能大幅提升我在業內的知名度，我真的很想好好表現。

我深呼吸，拿出看家本領向那位西裝筆挺的紳士推銷了十五分鐘。快結束時，他定定看著我的眼睛，手舉到臉前。我立刻送上燦爛的笑容，爽利地伸手和他擊掌。

他眉毛一挑，說：「亨娜，我舉手是想請你停下來。」

呃。

我怎麼這麼快就忘了如何與人互動呢？普萊爾啊普萊爾，你退步了。

疫情前的亨娜應該能正確解讀那隻舉起的手，疫情後的亨娜顯然不行。

我和大家一樣太久沒練習了。《紐約時報》（*New York Times*）作家凱特・墨菲（Kate Murphy）說，在正常環境下，我們有無數機會練習社交技巧，例如解讀別人的言語、姿勢、表情，對計畫外或非預期的變化做出適切反應。可是在疫情高峰，我們進入各種隔離狀態，沒有那麼多機會練習面對面、沒劇本的社交互動。我們的社交技巧直線下降。

科學證明確實如此。有人研究過工作比一般人孤立的職業（如太空人、極地探險家、軍人），發現他們的社交和冒險能力都出現退化，就像肌肉不常使用會退化一樣。心理和社交肌肉使用不足便難以承重，於是我們出現社交焦慮，害怕冒險，難以承擔過去覺得稀鬆平常的事。容許自己被惡性尷尬吞噬不只有礙我們的職涯發展，對我們的心理健康、人際關係和潛能發揮也都有嚴重惡果。

雖然大多數人不是極地探險家，可是在漫長的社交隔離之後，我們集體失去平衡，重新站穩腳跟似乎從未如此艱難。

高速運轉的數位時代也讓混亂更添一層。一度自然、輕鬆、慣常的對話和互動變得不再相同，我們仍在思索箇中規則（「四個驚嘆號？完了，他們是不是對我很火？」）。這段時間似乎什麼事都很尷尬。

社群媒體濾鏡和人工智慧的進步，也創造出一個容不下尷尬和不完美的世界。生活在虛擬世界中，我們常常覺得自己像是活在魚缸，彷彿每一個人都盯著我們犯錯或失敗。人天生無法對此置之不理。

越年輕的人也許情況越嚴重，這不只是因為他們整體而言經驗不如年長者豐富，也是因為他們的父

母輩相信人應該「只做自己喜歡又擅長的事」，教養哲學是「讓我為我親愛的孩子鋪好路」。於是，新一代的年輕員工不熟悉磕磕絆絆的感覺，連低風險的尷尬都難以克服，罔論高風險情境。

有一件真理我花了很久才懂，過了更久才由衷相信。現在，我想從告訴你這件事開始：尷尬不是必須改正的弱點，而是你追求職涯和個人成長的最大資產。

我親眼看到，只要我的客戶願意在心態上做出一項改變——擁抱良性尷尬，就能取得重大而可觀的進展：

- 獲得一度以為無法企及的新工作或領導職位
- 商談鉅額調薪或為自己的需求發聲
- 不論在職場或個人生活上，都能成功駕馭最艱難的對話
- 必要時發表意見或拿下功勞
- 有勇氣開創新事業或追逐個人夢想

● 改善團隊互動和溝通或人際關係

三年之內，擁抱尷尬直接領我走上夢想職涯。為擁抱尷尬而手忙腳亂，讓我九十天裡獲得兩次TED演講機會（而且兩次都登上TED官網）、行事曆排滿報酬豐厚的演講（而且客戶個個來頭不小）、預約教練課程的人多到要排隊，還結交了一群我做夢也想不到的良師益友。老實說，如果你十年前告訴我這是我的未來，我會買一張離開幻想世界的單程票給你。

讀完這本書時，希望你已學會以尷尬為祕密武器，感到自己充滿力量，向你最宏大的目標邁出下一步——不僅僅是因為你克服了尷尬，反而正是因為尷尬。

請做好準備。以尷尬為優勢需要調整心態，拋下舊的信念。而我確定的是：你過去會尷尬，將來也還是會尷尬。不論你決定要

不要繼續往下讀，都是如此。但現在，你有機會學會善用尷尬。這條路並不好走，但無法繞道，只能通過。如果看起來很酷是你最在意的事，這本書不適合你。

但如果社會認定的酷已經讓你整個人生都在逃避，而另一條策略似乎稍好一點（寫到此處，作者點頭如搗蒜），請讓我成為第一個邀你登上尷尬郵輪的人，為你保留我的鄰座。也許你偶爾會有點暈船，但我們已經準備好暈船藥和薑汁汽水，我也會一路陪伴你。

事實是：你的力量比自己以為的大得多，是時候好好駕馭你已經擁有的祕密超能力，將它用在好的地方。

尷尬就是力量！

不管去什麼地方，每一次我都告訴自己：別尷尬。然後……我就尷尬了。

格倫儂・道爾
Glennon Doyle

Part

1

尷尬從何而起？

你的同理心是尷尬加速器

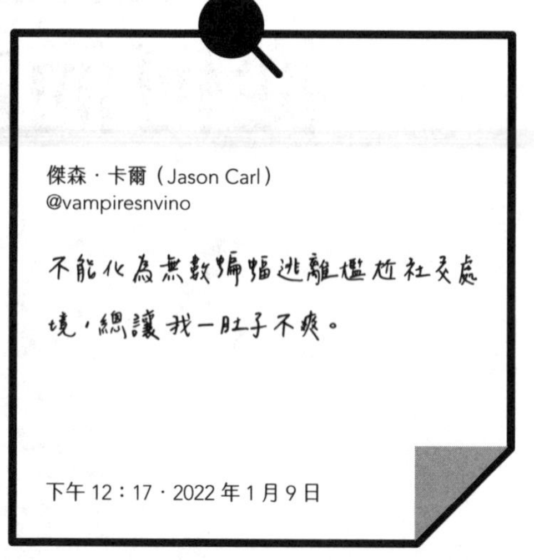

蘿倫是《財富》（*Fortune*）五百大企業全球主管。還是菜鳥的時候，她跟的資深經理，用我國中女兒的話來說——是超級天菜。那個經理平常總是一身 Polo 衫加卡其長褲，有一天早上卻一反常態，戴了一條紅藍相間的亮色領帶來上班。

蘿倫心裡小鹿亂撞，馬上撲向電腦，準備和同事瑪莉安娜分享這個大發現——她們都是那個帥哥的粉絲。

蘿倫打開新對話框，手指在鍵盤上敲得飛快：「欸瑪莉，你猜大帥哥今天為什麼戴新領帶？」她迫不及待按下送出鍵，一回神才發現收件者不是別人，正是她的資深經理，大帥哥本人。

喔歐。

尷尬嗎？當然。

丟臉嗎？丟到極點。

看完這個故事，你是不是也渾身不對勁？也為蘿倫尷尬不已？

全是同理心惹的禍。

然而，如果二十一世紀職業發展競賽有情商女主角，那一定是同理心——EQ的超級強權！人在群體社會一切困擾的解方！是的，同理心是人類進步的關鍵。別以為我會批判同理心，它可是我們的祕密武器。

不過，有些尷尬情境的確更令人難以釋懷——在眾目睽睽的職場上尤其如此。在那些時候，我們會比平常對自己更苛刻，也更難忍受自己的不完美。為什麼呢？原因也許令你驚訝——因為你某種類型的同理心過高。

事實證明：我們對別人出糗是什麼反應，對自己出糗就是什麼反應——不論是同理或某種出乎意料的批判。

我為你尷尬

想像一下，你和你最好的朋友決定在紐約玩一晚，先吃頓豪華晚餐，再去百老匯看音樂劇。那一場不但是首演，而且你還訂到很棒的位子：第七排中間——欸？第二排那個是傑森．亞歷山大（Jason Alexander）嗎？真的是耶！劇院富麗堂皇，饒富歷史，天花板的雕刻八成有一百年了。今晚樂隊表現極佳，伊迪娜．曼佐（Idina Menzel）的第二首歌猶如黃鶯出谷，比你印象中更美。

你上一秒才為她的高音起雞皮疙瘩，她下一秒就已降低音調，準備緩緩收尾——但就在這個時候，你朋友的手機突然高聲放出嘻哈樂團 Salt-N-Pepa 的〈Push It〉。前排的人紛紛回頭瞪你們，而你朋友像是花了整整十分鐘才撈出手機調成靜音。

你覺得丟臉到了極點，開始面紅耳赤，喉嚨像是乾了一樣。你悄悄越坐越低，祈禱老天慈悲讓你有個地洞鑽下去。

讓這些感覺在你身上停留片刻。

現在，再想想二〇一五年十二月環球小姐決賽那天：冠軍揭曉時，主持人史帝夫・哈維（Steve Harvey）故意頓了一下，才大聲宣布后冠誰屬——「哥倫比亞小姐！」只見雅莉亞德娜・古鐵雷斯（Ariadna Gutiérrez）眼眶泛淚，落落大方走上舞台，戴上后冠。可是她還沒揮完國旗、獻完飛吻，哈維就發現自己口誤。下一幕令人不忍卒睹：哈維縮著腦袋走回台上向古鐵雷斯道歉，一大堆攝影機直勾勾對著兩人的臉，哈維告訴她哥倫比亞其實是亞軍，菲律賓小姐才是冠軍。

看著那段影片，你幾乎不可能不如坐針氈，何況哈維顯然一臉尷尬，別的參賽者也是如此。事情甚至還沒就此落幕：典禮結束後，哈維試圖在推特上致歉緩和尷尬——結果寫錯兩個國家的名字：

「我謹在此向菲力比小姐和歌輪比亞小姐致上由衷的歉意。這百分之百是無心之過，我為此深感懊悔。」

你覺不覺得有點坐立難安？如果有，為什麼？忘記把手機關靜音的不是你。頒錯后冠的也不是你。你連選美比賽都沒興趣咧！可是你知道嗎？不論是你，還是大多數人，都會對這兩個情境起身體反應。

原因很簡單：人類彼此連結，能感受別人的社交痛苦。

我們很多人都希望自己親切和善、重視他人、樂於付出關懷。我們之所以經常如此，是因為在別人跌倒或尷尬的時候，我們也會感到尷尬。這種反應有個科學術語：替代性尷尬（vicarious embarrassment）——通常是同理心造成的。

人越容易因同理而尷尬（easily empathetically embarrassed，以下簡稱EEE），就越難若無其事看著別人尷尬或陷入尷尬情境。「二手尷尬經驗和同理別人尷尬或羞恥的能力有關。」關係心理學家艾瑪．阿佐帕迪（Emma Azzopardi）說：「我們是社會的動物，同理心是演化而來的關鍵特徵，幫助我們成為社群的一分子，能在裡頭和睦地生活。」

為組成和維持社交圈，人在生物層面天生具備某種程度的情感感染力，亦即我們天生就能分享彼此的情緒。研究發現：大腦對見到別人社交痛苦所產生的反應，和見到別人承受肉體痛苦是一樣的。換句話說，對我們之中有幸擁有高 EEE 的人來說，不論看到別人尷尬或受傷，大腦同樣的部位都會起反應。受同理之苦的機會是兩倍。

如果劇院裡響起的手機是你朋友的，你會更感尷尬，因為你們既是熟人，又是鄰座。當陷入尷尬的是我們認識的人，或者只是在空間上離我們比較近，尷尬感都會加倍。

你和朋友的情感連結越強，你的社會形象受到的威脅似乎越大（「要是他們以為是我的手機在響怎麼辦？」），於是整件事變得更尷尬，也更令人難以忍受。

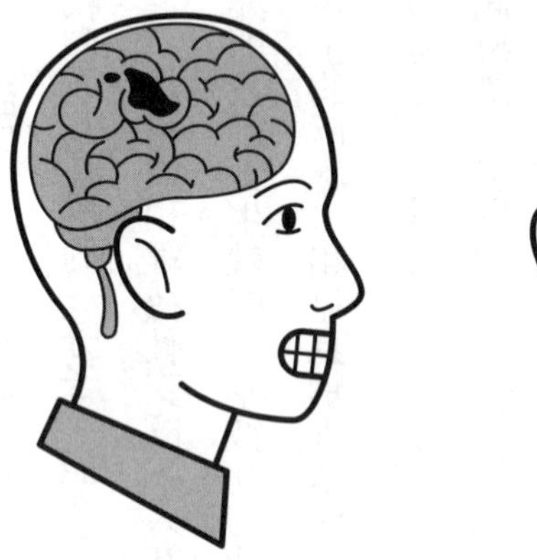

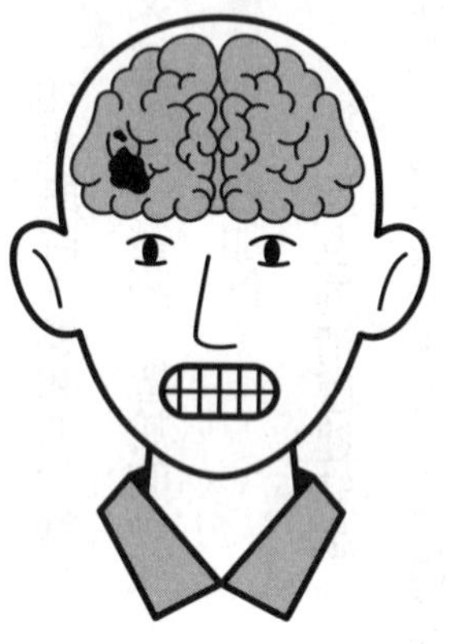

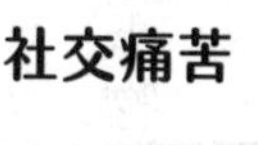

社交痛苦

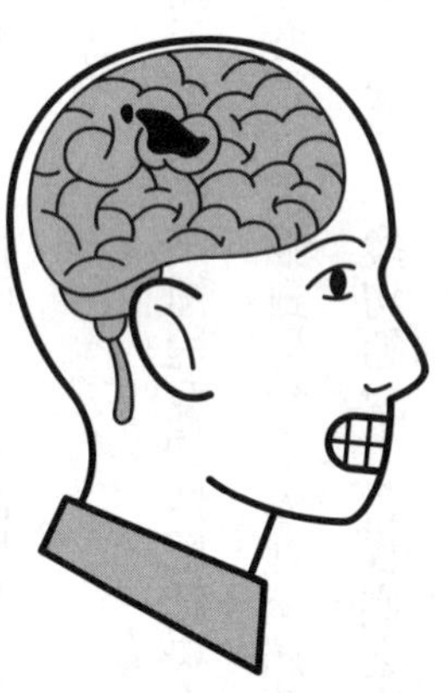

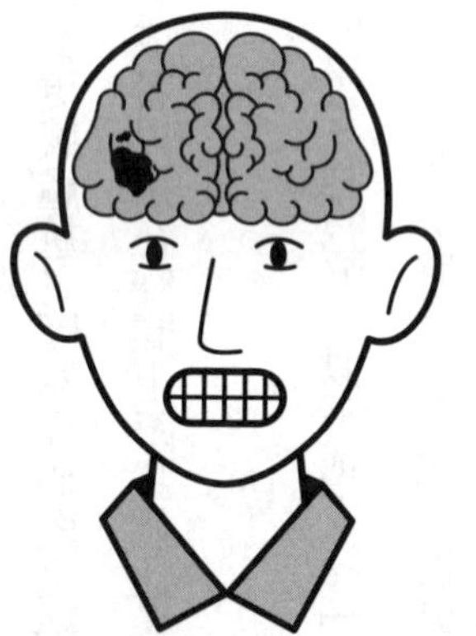

身體痛苦

如果以上兩個例子還不夠你檢驗自己的EEE程度，我還有一個指標：尷尬喜劇。這種喜劇完全以社交尷尬為賣點，例如電影《芭樂特》（*Borat*）、《四十處男》（*The 40-Year-Old Virgin*），或電視節目《人生如戲》（*Curb Your Enthusiasm*）、《辦公室瘋雲》（*The Office*）、《歡笑一籮筐》（*America's Funniest Home Videos*）。這類喜劇故意讓觀眾為劇中人尷尬，有些人很喜歡。

河畔顧問公司（RiversEdge Advisors）執行長布萊恩．卡尼（Brian Carney）對我說過，他不但不在乎二手尷尬，還喜歡得很。「尷尬喜劇百分之百是好東西。」他說：「我每天眼睛睜開就開始做尷尬事、講尷尬話，把自己弄得灰頭土臉，放鬆下來看看別人的蠢事能讓我恢復信心，告訴自己我本來可能更丟臉。」

可是在光譜另一端，有的人一看尷尬喜劇就渾身不自在，只想鑽進被子裡再也不出來。卡尼愛看尷尬喜劇，他的太太克莉絲汀（Kristen）卻完全受不了。

「每次布萊恩看《人生如戲》我就渾身不對勁，賴瑞硬要聊顯然不方便聊的話題時尤其如此。」她說：「他好像不會看氣氛，只知道窮追猛打要解釋或答案。我看得出來其他人覺得尷尬或不太自在，這讓我超級焦慮。」

組織心理學家黎安．戴維的女兒也是如此。據她觀察，女兒對看到別人尷尬十分敏感。「我十五歲的小女兒受不了單口喜劇，因為她會完全接收到她投射在他們身上的焦慮。」戴維分享道：「她的感覺就像：『這一定很恐怖，要是觀眾不笑怎麼辦？』結果說單口喜劇的是別人，感到尷尬的反而是她。我想說的是：『別跟別人借尷尬——你自己已經夠多了！』」

如果克莉絲汀．卡尼或黎安．戴維的女兒令你心有戚戚，你的EEE程度一定很高，非常高。

但等一下，亨娜，有同理心應該是好事，不是嗎？

是這樣的：我剛剛講過，替代性尷尬往往是同理心造成的，但有時候未必如此。

同理或批判？

二〇一一年，索倫・克拉赫（Sören Krach）博士與弗里德・保魯斯（Frieder M. Paulus）博士展開研究，一起探討替代性尷尬和同理心的關係。他們發現兩者強烈相關，但也注意到一個有用的扭曲——替代性尷尬並不一定來自同理，也可能透露出潛在的批判。

原來，與別人一同感到尷尬固然能強化連結、展現同情，提高親社會行為（prosocial behavior），但為別人感到尷尬卻是某種批判。

在你開口爭辯之前（「小姐，你說誰愛批判啊？」），請先聽我說：我們都有批判自己和別人的傾向，因為還住在洞穴的時候，批判讓我們避開吃人的獅子和敵對部落，保持安全。我們學會運用批判檢視所有潛在風險和威脅，預想下一步該怎麼走。不過，這種傾向現在對我們似乎幫助不大。

「想像有人對著一大群聽眾演講，突然忘詞，開始結巴。」保魯斯說：「這種情境裡的當事人完全知道自己出了狀況，也開始尷尬。」這種時候，觀察者的尷尬是共同的情緒狀態，亦即同理心的第一個標準。聽眾與演講者一同尷尬。

再想像一個聲望崇隆的主題演講者，上台前匆匆去了廁所，趕到講台時褲子後面還拖著剛剛好4.5張單層衛生紙。他不知道出了這種事，所以他一點也不為此尷尬，只有我們感到尷尬。我們的情緒狀態和他不一樣。

這兩種情境感覺很像，但判然有別。一種是我們與某人一起尷尬，另一種是我們為某人尷尬——後者是批判。

職場不太可能出現褲子後頭拖著衛生紙的尷尬情境（除非你在衛生紙公司上班），職場比較可能出現的尷尬情境是：

- 介紹別人時，讀錯名字
- 想為簡報添點幽默，沒想到說的笑話得罪在場的某個人
- 原本要回一封含有機密資訊的信，卻一時大意把它轉寄出去
- 自告奮勇要負責一項計畫，卻被提醒那個計畫兩週前已經結束
- 開始報告，卻放錯投影片

別人發生這種事時，我們總會忍不住為他們尷尬，往往也會湧現躲開那個人或場合的衝動，或者更糟——我們開始設想如果自己遇上類似的情況，他們也會為我們感到尷尬。一旦開始這樣想，我們很可能會迴避所有可能造成社交風險的事，久而久之，原本強韌的連結便越來越弱。

當我們不斷擔心別人會不會為我們尷尬或批判我們，就難以突破自我，難以信任彼此共同的人性，也難以冒險改變自己的職涯和人生。畢竟，在別人試著挑戰我們也想挑戰的事時，如果我們不斷批判他們，我們恐怕也不會給自己機會做這些事。

如何化解 EEE

如果我們是 EEE 程度有點高的人，該怎麼化解替代性同理和愛批判的傾向呢？心理治療師詹姆斯・哈特利（James Hartley）說：「最好把二手尷尬和同理心看成位於同一個光譜。」在哈特利看來，看尷尬喜劇而毫不尷尬的人可能是遺傳因素所致，也可能是童年環境不利同理心發展，或者兩者皆然[2]。不過，他們也可能只是學會了如何劃定自我的界線。

就大多數人而言，最常批判別人或為別人感到尷尬之處，常常就是自己最感尷尬或丟臉的地方。另一方面，在一個人的自我價值感堅不可摧之時，往往最不會批判別人，或為別人感到尷尬。

為了避免批判——哪怕是最溫和的批判，我們必須認真探討造成自己替代性尷尬的原因。越能看出自己容易在哪方面感到尷尬，越能努力化解自己為別人尷尬的潛在因素。

舉例來說，我以前只要聽到別人讀錯另一個人的名字，總會嚴重感到替代性尷尬。我之所以會有這種感覺，主要是因為我從小到大，老是為必須糾正別人讀錯我的名字而尷尬。但實際上，別人未必和我一樣會為這件事困擾。透過學習和思索讀錯名字對我的意義（告訴自己對方不是故意無禮或讓我不自在），我可以想出可行的辦法（例如幽默帶過），克服自己對這件事的尷尬。久而久之，我可以減輕自己對這類差錯的敏感度——為了自己，也為了別人。

當你的 EEE 程度飆到半天高，身體彷彿困在尷尬裡動彈不得，你可以問問自己以下幾個問題，化解那種感覺：

- 這種經驗到底為什麼讓我如此煩躁？
- 如果沒人看見，我的感覺又是如何？
- 我對人的同理心什麼時候有益於我成長？
- 我自己獨有的（unshared）替代性尷尬什麼時候妨礙我成長？

只要我們想好好表現、想勇敢嘗試、想冒險一搏、想邁向另一個層次的

2 供讀者參考：遺傳傾向顯示有些人天生同理心較低。另外，童年環境不利同理心發展的原因，可能是個人在發展階段未能向父母或照顧者學習同理心。目前研究顯示焦慮症可能是基因易感性與環境結合所致。

成功，就不可能避免尷尬。高EEE就和其他個人特質一樣，雖然不能定義你，但也有其陰暗面，深入探索有益無害，在它阻礙你冒必要風險改變職涯和個人未來時，更是如此。

對自己說的故事很重要

麥可・邦吉・史戴尼爾（Michael Bungay Stanier）是享譽全球的作家和教練，曾與多位世界頂尖商界領袖共事。他和父親及一個兄弟一樣天生唇顎裂，也曾在接受鮑伯・莫理斯（Bob Morris）訪問時談到這點：「這讓我講話有點問題，如果

你知道該注意哪裡的話，也會發現我看起來有點不一樣。」

多年前，邦吉．史戴尼爾申請聲譽崇隆的羅德獎學金（Rhodes Scholarship），和其他十名申請者一起進入決選。全部的人到齊以後，他望了望房間裡的競爭對手，發現大家全都穿得相當正式：西裝或套裝、白襯衫、紅領帶或珍珠項鍊——只有麥可例外。

「我那時一頭金色長髮，戴了好幾個耳環，打一條粉紅紮染領帶。」邦吉．史戴尼爾說：「（那樣出席）有點像賭一把，告訴大家『和其他人比起來，這樣更能傳達我是什麼樣的人』。也許是張揚了一點。我想我要嘛是第一名，要嘛是最後一名，不會落在中間。」

對於自己為什麼看起來和別人不同、給人的感覺也不太一樣，邦吉．史戴尼爾選擇告訴自己一段不一樣的故事。在他的故事裡，在平靜的西裝大海上做一道突出的浪是競爭優勢。雖然不知道評審委員怎麼看紮染領帶，選擇它確實有風險。但他決定擁抱尷尬，穿得和別人不一樣。

他拿到了那筆獎學金。

邦吉．史戴尼爾非但不試圖抹除自己和別人的差異，反而以別具創意的方式凸顯自己獨一無二的特質，結果大獲成功。「我現在把唇顎裂當成……真實、力量、與眾不同的來源。」

對自己說的故事很重要。感到尷尬或感覺有力的主要不同，就在於我們如何訴說自己的感覺。這有時候並不容易。當我們說的是抗拒的故事——告訴自己應該怎麼看、怎麼感覺，或是未來可以如何——浮現的經常是惡性尷尬；當我們願意對自己訴說救贖的故事——儘管一定會遭遇混亂和不完美，卻還是願意採取行動，邁向未來——出現的往往是良性尷尬。

改寫對自己訴說的故事，可以大幅改變我們的尷尬，以及我們回應尷尬的方式。

兩個故事的故事

人都會說故事。不論是否與人分享，我們都會將自己的經歷編成故事，有高低起伏和轉折。我們也都有能力重塑故事，讓自己活得更加勇敢。

前佛教僧侶柯瑞・穆斯卡拉（Cory Muscara）說過，人生裡的每一刻都有以下三種層次：

1. 經驗
2. 對經驗的覺察
3. 針對經驗告訴自己的故事

在思考覺察在人生裡的角色時，第三點值得我們進一步討論。大多數人同意，由於我們的

身分認同和經驗隨時都在變化，人生很少沿著清楚的軌跡發展。換句話說，人生不是線性的。但因為我們的大腦已經演化成習於預測，說故事便成了理解這些變化的方式。大腦設法把我們的人生貫串成統一的故事，好讓我們更容易理解快速變化的人生風景。

西北大學（Northwestern University）心理學家及敘事認同專家丹・麥克亞當斯（Dan McAdams）說，我們對自己訴說的故事主要有兩種。這些故事往往都把焦點放在或好或壞的特殊事件，因為大腦需要透過這些經驗理解人生。這些故事會塑造我們，有趣的是，隨成長背景和過去經驗的不同，我們對同一個故事的詮釋可能南轅北轍。

「舉例來說，同樣是童年被父母扔進水裡學游泳，有人會說自己今天之所以成為堅強的創業家，樂於從冒險中學習，都是拜那次經驗之賜。」麥克亞當斯說：「可是對第二個人來說，同樣的經驗可能讓他變得討厭坐船、不信任權威。第三個人的故事可能根本不提這次經驗，認為它一點也不重要。」

麥克亞當斯發現，樂於貢獻社會、擁抱摩擦、勇敢冒險的人，往往將自己的人生詮釋為**救贖式故事**（redemption stories）——從困境或下坡轉為好結果或進步的故事。

有一位保險業務主管珍（Jane）和我分享過她的故事：她手下的王牌業務員拉菲爾（Rafael）準備離職，帶槍投靠她的公司的勁敵ＡＢＣ公司。珍的團隊曾經一起發誓絕不跳槽到那家公司，但現在，她必須告知團隊成員這個消息。

那家公司薪資更高、福利也更好，而且過去一年動作不斷，頻頻向珍的團隊招手。為了反制，珍花了不少工夫安定軍心，強化團結緊密的關係，讚美並肩作戰的情誼，推廣坦誠、透明、開放的團隊文化——如果接到ＡＢＣ公司的挖角電話更要如此，大家可以放心把這些事告訴她，不必擔心會有任何後果。

所以，當拉菲爾告訴珍他將加入ＡＢＣ公司，珍震驚得不知所措。她剛剛才對長官報告自己深感自豪，因為她的努力，團隊裡沒有任何一個成員跳槽ＡＢＣ公司。現在她得活生生把自己的話吞回去，還得告訴屬下他們的團隊並不像她說的那樣團結。

她吞吞吐吐地宣布拉菲爾要去ABC的事，也公開、坦誠地分享她對這種尷尬局面的心情。令她驚訝的是，不加修飾的真情流露反而讓剩下的團隊成員更為團結，加倍重視對彼此的承諾。在坦誠擁抱現實之後，她把原本可能導致惡性尷尬的場面轉化成良性尷尬。

救贖式故事的反面是麥克亞當斯所說的**汙染式故事**（contamination story），將好的情境詮釋成壞的。

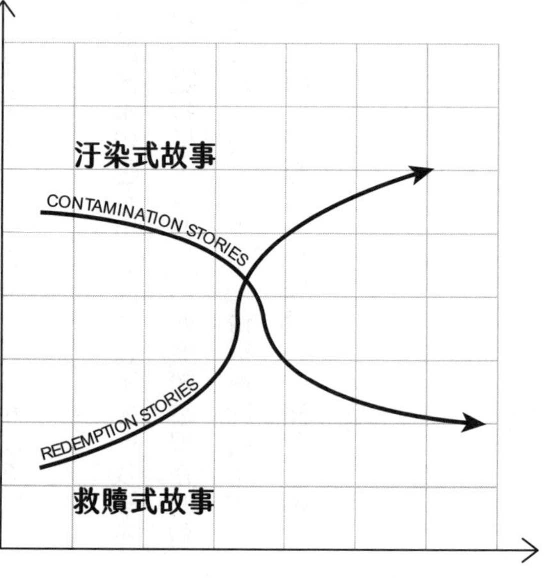

我有個朋友在大科技公司當副總，曾經和我講過他應徵工作時出了不少問題，強調自己在過程中「一直說錯話」，害他好幾個晚上睡不好覺。最後，他進了一家潛力無窮的新創公司。最近他和我聯絡，說他最近會和現在的公司談薪水。

由於他過去相當成功，我很驚訝他後來告訴我不想談加薪了。「我根本懶得再去談薪水。」他說：「我知道一定會是場惡夢，不如繼續拿現在的薪水。」儘管之前那場尷尬的面試最後帶來好的結果——一份很棒的新工作，但他看見的故事焦點不是這個事實，反而是那場尷尬的面試多麼痛苦。過去的情境汙染了現在的事實。

你說的通常是哪種故事？

我們說的故事不可能統統都是救贖式或汙染式的，畢竟兩者之間一定有灰色地帶，但有個問題還是值得我們深思：回顧過去的尷尬經驗時，你說的通常是哪種故事？此外，如果想看清我們對自己的想法和執念對自己影響多深，了解自己的自我意識程度也很重要。自我意識程度高的時候，我們把焦點集中在自己在社交場合裡的想法、感受、行為，這讓我們很難客觀看待事物。而缺乏客觀性很容易增強負面自我對話、自我批判和反芻思考，進而將自己的經驗訴說成汙染式故事。

相反地，自我意識程度低的時候，我們比較能放大視野，更客觀地看待自己的經驗，幫助自己找出更正向、更能帶給自己力量的敘事。

幸運的是，卡內基美隆大學（Carnegie Mellon University）的麥可・夏爾（Michael Scheier）和邁阿密大學（University of Miami）的查理・卡弗（Charles Carver）已經發明很不錯的工具，能幫助我們衡量自我意識——自我意識量表（Self-Consciousness Scale）。這種工具最早是在一九七〇年代為大學生設計的，後來又經過幾次調整，讓它適用於更廣大的一般大眾。想了解和預測自己在職場和社交生活中的行為，為自己的公眾自我意識評分是務實的第一步。換句話說，這是量化我們可能對事物多感尷尬的好辦法。你

可以上 **pryoritygroup.com/goodawkward** 自己做做自我意識量表。

除了評量自己的自我意識程度，我們也可以自主反思自己傾向訴說哪種故事。不妨準備一本日記或建立一個新的電子檔，做以下練習：

- 回想最近令你感到難堪或尷尬的一件事，將自己帶回那一刻。
- 問你自己：如果你當時置身人海，沒人注意；或是身處暗室，沒人看得見，你的反應或行動會有什麼不同？你的反應還是一樣嗎？或者會有什麼不同？寫下你的觀察。

你的答案有助於你看見自己目前怎麼看待這些事，傾向將它們訴說成救贖式或汙染式故事。雖然我們有能力改寫這些故事，但覺察自己現有的故事是不錯的起點。請寫下你的結果，在繼續閱讀時也放在心中。

重寫尷尬的故事

嘉柏芮兒・柯恩（Gabrielle Korn），時尚雜誌《Nylon》前總編、Netflix頻道十大熱門節目前行銷總監，曾與我分享早年在雜誌社工作時的往事。她喜歡發言，總是在一次又一次的會議中舉手分享想法，但別人也總是一次又一次地用各種方式告訴她：閉嘴，坐下。她說：「我本來滿有勇往直前的精神，但一再遭到這種對待以後，勇氣也逐漸消失。」

對柯恩來說，讓這些早年經驗汙染她的未來選擇並不難，但經過一番反思和信任的人的提點之後，她改變自己的敘事，提醒自己在會議中貢獻意見是可貴的。最後，她找到歡迎她提出想法的新公司

即使你現在傾向訴說汙染式故事，你也可以將自己的敘事改成救贖式故事。改寫關於自身感受的故事有時並不容易。我們必須開拓心理空間，看穿自己的迷障。改寫故事必須在尷尬過後緩下腳步，反思自己的感受，思索那一刻對自己而言代表什麼。那麼，我們該怎麼做？

❶分辨汙染式故事。我們的思路經常進入自動模式。對自己訴說尷尬經驗時，我們可能根本沒發現自己選擇把它們說成負面的，反而以為它們本來就是如此，好像自己無法用別的方式看待它們，連質疑都不可能。所以，第一步是覺察你對自己說的負面執念或故事。它們對你有幫助嗎？對你成長和進步有益嗎？還是將你困在負面模式裡，阻礙你發揮潛力？

❷打電話給朋友。要是你發現自己困在汙染式故事的循環中，跳脫它的最佳策略之一是參考第三方意見。如果你無法看出故事裡的功課和正面之處，信任的朋友或前輩往往能幫你一把。

❸改寫故事。只要能開闢出分辨負面故事的心理空間，就能著手尋找故事裡的功課和正面之處，重新定位故事焦點。舉例來說：

- 你在會議中提出已經有人提過的建議（也許你那時剛好沒注意）。別把自己想成應該閉上嘴巴的白痴，告訴自己你有好好把握發言機會，提醒自己往後留意不要為手機分心（飛行模式是你的好朋友）。
- 你想和別人談一下話建立聯繫，但他們表示「沒空」，拒絕你的邀請。別對自己說他們對你不屑一顧，利用這次機會學習下次怎麼提出邀請更好（也許三十分鐘太長，改成五到十分鐘他們就很樂意）。
- 你認為自己有做好主管的角色，但考核說你不樂於授權，管理方式過於瑣碎。先別急著罵自己「控制狂」，用這份回饋重新評估你的計畫，給予團隊成員更多自主空間。

越是願意花時間檢視自己就經驗訴說的故事、評估自己的自我意識程度、學習將汙染式故事改得更具救贖性，越是能為自己做好準備，在最尷尬的經驗裡看見正面之處。

評估尷尬經驗

當下

之後

尷尬

助益

如何以初學者心態培養救贖式傾向

要是對自己說汙染式故事的頻率超乎預期，不妨採取初學者心態，這是將故事轉化為救贖式視角的有力工具。

抱持初學者心態讓人願意學習、對新經驗開放、較不自高自大，對結果也較不執著。如果想從更正面、更具救贖意義的角度改寫故事，重探尷尬經驗時就必須保持好奇而不帶批判。

初學者往往更願意冒險和嘗新，即便感到尷尬和離開舒適圈時也是如此——事實上，在那些時候更是如此。初學者清楚尷尬在所難免。冒險和嘗新有助於我們挑戰既有的信念和敘事，幫助我們把失誤當成學習的機會，而非社交失敗的證據。初學者心態鼓勵我們用更強烈的好奇心探索尷尬時刻，是練習用更具救贖性的角度解讀經驗的完美訓練場。

因為這本書的關係，我有幸採訪到各行各業幾十位菁英，包括暢銷書作家、奧運選手，以及高速成長、市值數十億元公司的執行長。在他們的故事和我自己的故事裡，我清楚看見：每一個人一開始都是初學者，每一個人都是人生路上永遠的學生。**無一例外。**

事實就是：我們都有笨拙、尷尬的時候。我這種時候尤其多。

成長過程中，我的一舉一動經常引人側目。我爸出生在印度，我媽出生在巴基斯坦，兩人結婚後才搬到美國，處處機會的國度。我是美國出生的第一代，他們為我能擁有琳瑯滿目的機會開心不已，鼓勵我多方嘗試。

我嘗試過溜冰，持續了大概兩、三個冬天。我嘗試過爵士舞，學了六個月左右。

我也在YMCA學過幾年游泳，學會了基本動作，也能靠狗爬式保住一條小命，但技術實在不怎麼高明。

高中最後一年，我一時興起參加樂儀隊，打銅鈸敲低音鼓。

爸媽希望我當醫生，鼓勵我到當地醫院實習，但我直到現在還是受不了見血。

我大致上很擅長扮演「初學者」。等到我終於找到想堅持下去的事時，這個長處總算派上用場。我在此驕傲地宣布：本人努力最久的興趣是足球，從八歲練到十七歲左右，足足練了九年。我真的練得很勤，尤其是罰球，因為我罰球爛透了。我打從心底想進步。

問題是，練了幾年足球以後，我沒辦法再說自己是初學者了。我還記得最後有一場比賽是對戰亨洛彭角高中（Cape Henlopen High School）。比賽進行到最後幾分鐘時，我們獲得罰球機會，只要踢進就能贏得比賽。雖然我緊張得要命，還是把手從我最喜歡的藍格紋茵寶（Umbro）運動褲裡抽出來，舉手自願罰球。雖然我沒有老天賞賜的運動天分，但我好歹練了九年！我就是為這一刻練的！

燈光亮起，隊友全都圍在我身邊。我深呼吸，沉浸在屬於我的一刻，緩緩把球擺好，咻——！

我華麗地射門落空。

而且非常偏。距離球門一大段距離。

現在，容我在此驕傲地告訴各位：我足球踢得遜斃了。老實說，直到今天還是很遜，遜中之遜。

我想說的是，我也是人。之所以寫下這段故事，並不是為了帶出那次失敗對我來說多麼重要或多了不起。事實上，我當時臉紅得發燙，只想狂奔下場，再也無顏面對隊友。覺得自己很蠢的感覺並不好受，那次經驗毫無「救贖」感可言。如果我告訴各位那次慘劇之中有一絲美好，我就是說謊。

但這些年下來，拜許多類似經驗之賜，我強化了一塊很重要的心理肌肉。我學會在每一次挑戰中尋找學習和成長的機會，也學會如何改寫失敗的嘗試、尷尬的時刻、丟臉的互動，將它們化為我能從中學習的功課。

我很感謝從我小時候開始，爸媽就教我如何當個初學者。透過一次又一次當初學者、一次又一次練習不自在，我學會如何成為習慣尋求救贖式故事的人。

我現在之所以能比較輕鬆地面對尷尬時刻，必須歸功於這種訓練。雖然我希望自己看起來的模樣（天生擅長某些事）是一回事，實際表現出來的樣子（永遠不怎麼樣的外行人）是另一回事，而兩者之間的落差總是令我不自在，但好在我父母一直教我花時間與這道鴻溝共處。

每個認識我媽的人都對她的廚藝讚不絕口，但她總是樂於嘗試新食譜，不怕因此毀了一道菜——這種情況的確經常發生。她也總是喜歡用非典型的方法修東西（我常開玩笑說她是「巴基斯坦馬蓋先」），即使那些方法未必奏效。直到今天，她還是非常自豪自己勇於嘗試，總是故意選擇更可能跌跌撞撞而非一帆風順的路，寧可笨手笨腳地嘗試，也不拒絕嘗試。

我學到尷尬是沃土，富含快速成長所需的養分。隨著年齡增長，我學會愛上這種感覺。挑戰自身極限的收穫，一定比罰球失敗引起的短暫感受重要。我在工作和生活中經常「射門落空」，但我不再耿耿於懷。我學到手忙腳亂正是有趣的部分，也學到偉大是從不完美的土壤而生。

你也可以學會愛上尷尬，從中獲益，讓它成為你的優勢。

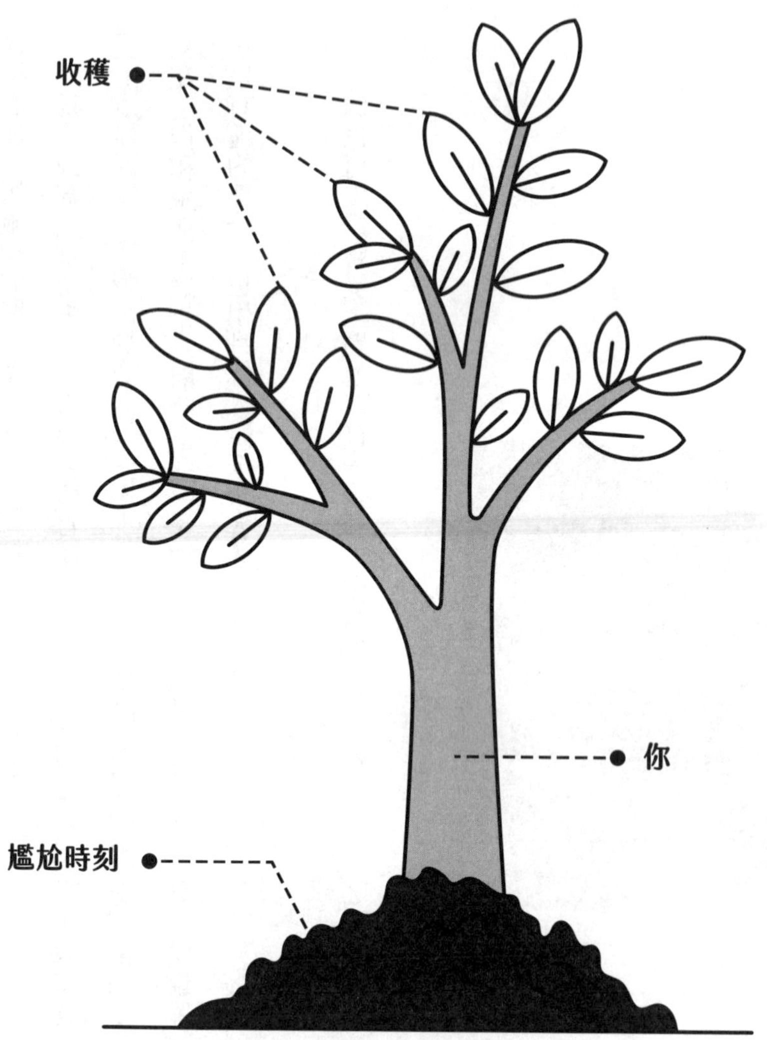
收穫
你
尷尬時刻

自我認同的間隙

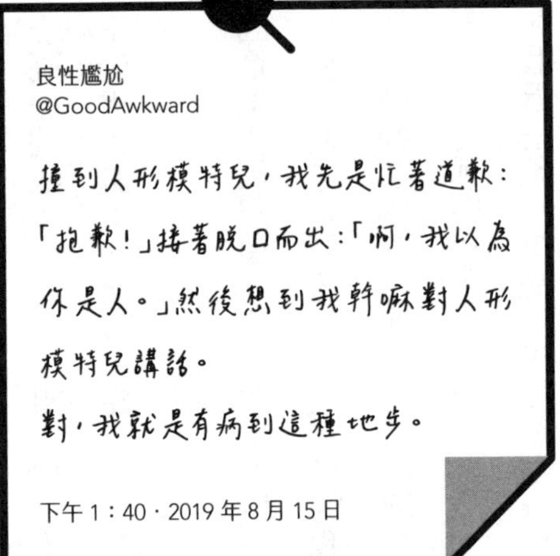

某天下午，我匆匆在諾斯壯折扣店（Nordstrom Rack）的展示架之間穿梭，想買一件新的深色水洗高腰牛仔褲（我和另一個媽媽朋友說這叫「大方牛仔褲」〔Jeans of Generosity〕）。我先生出城，我爸媽幫我顧孩子，所以我腳步飛快，急著買完

回家。就在我擠過一排西裝外套朝櫃臺張望時，我的肩膀狠狠撞上金屬衣架的邊角。

我並沒有像正常人一樣出聲喊痛、揉揉肩膀，反而——你知道我幹了什麼蠢事嗎？我揉了揉那個金屬架，彷彿它是條小狗，彷彿我硬得跟石頭差不多的肩膀肌肉可能傷了它，彷彿從頭到尾都先盤算好了一樣：「乖乖乖，衣架乖。你沒生我氣吧？」

收銀員看我撞到肩膀，馬上高聲問我：「哇，小姐，你沒事吧？」我使出小木偶皮諾丘的看家本領撒下漫天大謊：「沒事，謝謝！」其實我肩膀痛死了，需要冰敷。

人難以忍受尷尬的主要原因是：我們照顧的自我形象不只一個，而是兩個——一個是我們眼裡的自己，另一個是我們認為別人看見的我們。撞到肩膀的時候，我希望別人眼裡的我是時尚俏媽咪，而不是自撞靜止物體還撞到瘀青的人。我怕收銀員看到的是笨手笨腳的傻子。

想擁抱尷尬而非避免尷尬，我們必須用更亮的光照進兩個自我之間的間隙，更深入了解自己在這兩道牆之間的感受，為如何在兩者之間搭起橋梁訂立計畫。

尷尬是人之常情

我們一生會受到許多人影響，受照顧者影響、受同儕影響、受行銷和媒體集團影響，甚至受中學那個說話囂張、在廁所抽菸、你其實不太喜歡、卻還是希望她認得你的古怪女生影響。我們不斷收到各種訊息，告訴我們應該成為什麼樣的人、應該怎麼做、應該做什麼，日復一日，年復一年。

我們從小就知道，自己眼裡的自己和別人眼裡的我們非常不一樣。人是傾向社會生活的動物，天生渴求歸屬感和所屬社群的接納，不願意受到批判、排擠和漠視，所以我們學會隱藏自己不符別人期待的特質。

在一九五〇年代出版的《日常生活中的自我呈現》（*The Presentation of Self in Everyday Life*）中，厄文．高夫曼（Erving Goffman）博士用戲劇表演的

自我認同的間隙

比喻解釋這種心理機制。在他看來，人經常把自己的「後臺」生活和「前臺」生活分開，不論我們有沒有意識到自己正這樣做。

「後臺」是**你**眼中的自己，「前臺」是**別人**看見的你。按艾默里大學（Emory University）心理學家菲利普．洛夏（Philippe Rochat）的說法，兩者之間的差異是「不可調和的鴻溝」（irreconcilable gap）。因為這種說法有點拗口，但接下來會一直提到它，所以我打算稱它為**自我認同的間隙**。

疫情初期，我們都以出乎意料的新方式遇上自我認同的間隙：盯著視訊螢幕裡自己的影像，感覺像連續看了好幾個鐘頭（「我額頭上那幾綹頭髮一直這麼翹嗎？」）；因為沒辦法觀察細微的肢體語言，交流對話變得卡卡的；好幾個月沒和上司親身互動，卻得硬著頭皮談加薪。在這些時候，我們希望自己展現在別人面前的形象（我們的內在認同）遭受挑戰，被迫直接面對別人見到的形象（我們的外在現實）。雖然這兩種形象有時候是一致的，但大多數時候並不是。

人類有個共同點：我們要嘛偶爾陷入尷尬，要嘛就是在演戲。就這麼簡單，沒有模糊或中間地帶。尷尬是人之常情，避免尷尬百分之百是謊言。不論是看似從來不曾出糗的人，或是總是表現出無人能及的自信的人，其實都不能免於尷尬，他們只是演技非凡而已。

在職場上，你或許自認是雄才大略的將才，可是在主管眼裡，你不過是聽命行事的卒子。你深信自己是計畫成敗的關鍵角色，別人

卻覺得你只是助手，功勞都歸他們。我們認為自己過去一年表現亮眼，考績應該優等，豈料上司的評語是「尚可」。

卡在自我認同間隙的感覺並不好受。我們極其希望同事看見的「我」是我們眼裡的自己，至少是我們在那些時刻竭力展現的自己。有的時候，我們會用滑稽的方式掩飾兩種自我認同的落差。

我想起艾倫．狄珍妮（Ellen DeGeneres）一個有名的笑話。她說，有時候人們絆了一跤會狼狽地慢跑幾步，「像是要對看見的人說，『喔，我本來就打算慢跑一下。』」

狄珍妮也提到人的另一種奇特行為：我們即使傷了自己，大多數時候也不當回事，寧可忽視疼痛，一笑置之——這或許可以解釋為什麼我在克莉絲汀娜商場（Christiana Mall）撞個瘀青，卻出手搓揉架子。

尷尬是我們「前臺」坍塌、似乎與現實扞格的感覺。在戴上「我其實是要慢跑！」的面具時，我們其實是在表演，希望能拿下兩大獎勵：一是暫時得到社會認可，二是擺脫卡在自我認同間隙之中的不自在。

在諾斯壯折扣店，我希望收銀員看見的是冷靜沉著的牛仔褲時尚俏媽咪，雖然她應該知道這個形象是裝的（撞到架子的聲音可不小），但無論如何她還是配合演出，因為她也希望我看見的是熱心但不白目的諾斯壯收銀員。心照不宣，皆大歡喜。

真誠提高成功機會

有些人在多年歷練之後變得非常善於表演。表演有助於你和別人打成一片，過去也有不少書籍和文章告訴你：若想盡早達成目標，就該改變自己，設法迎合別人的興趣和期待。所謂「迎合」，指的是我們刻意壓抑自己的感受，採用符合別人興趣、偏好和期待的言語、姿態、暗示或行為。換句話說，我們以最有可能獲得別人認可的方式行動。我們很早就學會這種抹除自我認同間隙的手段，也經常使用。

持平地說，這種早期研究成果的確有證據支持。我們都曾被耳提面命：

初次會面給人留下良好印象十分重要，因為這將影響求職、簽約、調薪等長期結果。這種做法有其道理，久而久之成了常識。有研究調查超過四百五十名受雇成人，請他們想像自己正面臨重大任務（例如面試夢想工作、談加薪或簽約、說服金主投資新計畫、為知名客戶簡報），結果66%的人說他們會迎合對方，而非全然做自己，71%的人認為這些情況還是迎合最管用。

但真相是：附和或迎合別人的效果其實被過度高估，這樣做反而有礙你好好表現。

附和或迎合別人的效果其實被過度高估，這樣做反而有礙你好好表現。

「裝久了就成真了」（fake it till you make it）雖然被吹捧過一段時日，但這種策略無法持久，也無法讓你下次挑戰重大任務時放鬆一點。梅琳達・蓋茲接受《國家地理》（*National Geographic*）雜誌訪問時講過，這種做法對她毫無助益。「我大學畢業後做第一份工作的頭幾年，竭盡全力想讓自己變得更像周遭的人。」她說：「可是這樣沒辦法讓我發揮潛力。（你真正該做的是）找到能讓你好好發揮的人和環境，你會發現有些事只有你做得到。」

歐普拉·溫芙蕾（Oprah Winfrey）想必深有同感。她曾受邀主持夙負盛名的新聞節目《六十分鐘》（*60 Minutes*），但因為節目調性和風格講究穩重，和她向來活潑外放的風格不合，她毅然辭職。「那種形式不太適合我。」她後來解釋：「光是自報姓名那邊就拍了七次，因為我報得『太用力』。我問他們，是『歐普拉』那邊太用力呢？還是『溫芙蕾』那邊？他們說：『是這樣，你的聲音要更平一點，現在這樣放太多感情。』所以我後來盡可能去除主見、抹平個性——這對我來說不是好事。」

更新的科學研究確認蓋茲和溫芙蕾是對的：在職場上做自己能讓你更成功。那份研究是哈佛行為科學家法蘭西絲卡·吉諾（Francesca Gino）和同事做的，研究裡的幾個實驗都得到同樣的結論。其中一個實驗追蹤一百六十六

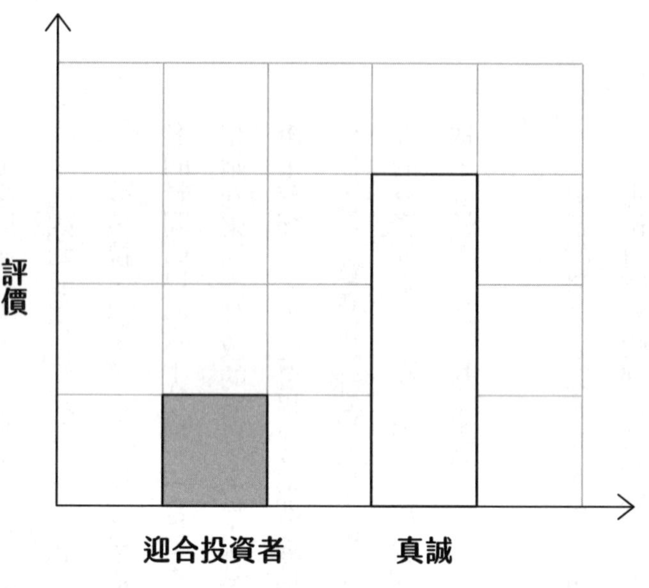

名創業者，觀察他們如何在短時間內說動潛在投資者。結果發現：潛在投資者對迎合他們的創業者反而評價較低，真誠簡報的創業者雀屏中選的機會是前者的三倍之多——換言之，勝出的是那些表現略顯尷尬的創業者。

吉諾等人也發現：人在迎合別人而非展現自己真實的一面時，焦慮程度明顯較高。這是想當然爾的結果——向你有心打動的人隱藏真實的自己本來就很辛苦！我記得找到新工作之後的頭幾個星期，我拚命想留給老闆好印象，結果每天下班都筋疲力盡倒在床上——我累壞了。我原本可以把這些精力用在工作上，但持續緊盯自己已讓我心力交瘁。那種感覺像是整天戴著千斤重的面具，只不過那副面具沒有能幫我消除細紋的酷炫ＬＥＤ燈。

吉諾團隊指出，隱藏真實的自己對認知和情緒來說都是沉重負荷，何況我們不論再怎麼努力，也難以確定別人的偏好和期待，所以這樣做只會讓自己感覺更糟，甚至覺得自己像個騙子。凡此種種，全都有害我們的職場表現和心理健康。

我想在此特別聲明，這並不代表我們不該設法給人留下好印象，有時改變一下門面的確比較明智（例如把你的連帽衫換成西裝）。另外，礙於大環境的種種結構性問題和障礙，有時我們未必能像蓋茲和溫芙蕾那樣毅然求去，只能盡可能將就。但無論如何，「為達成目標而迎合他人」的觀念必須改變，因為真相恰恰相反。和真誠地做尷尬、絕對不完美的自己

比起來，在需要勇氣的時候見風轉舵並不會更好。

在職場上需要鼓起勇氣的時候，請提醒自己：按別人的期待演出不僅扼殺你的潛力，也只是在做表面工夫。

不真誠表演的危險

過去二十年來，我在業界領袖身上看到最令人厭煩的表演之一，和專業發展領域一項備受關注的特質有關——脆弱。

由於虛應故事和迎合他人的風氣日益嚴重，假脆弱的案例現在多得令人憂心。雖然作家查克・德格羅特（Chuck DeGroat）自創「faux-nerability」一詞指稱「假脆弱」（faux-vulnerability），兩者的意思是一樣的——都指虛情假意。

業界領袖聽說脆弱是現代職場必備的情商技巧——這倒沒錯，但機關組織經常在無意間創造出兩種領袖：

- A類：優雅、真誠地展現出真脆弱的領袖，不論實力或影響力都強大得多。例如布芮尼・布朗、賈斯汀・杜魯道（Justin Trudeau）、雪柔・桑德伯格（Sheryl Sandberg）、蜜雪兒・歐巴馬（Michelle Obama）。請給A類領袖掌聲鼓勵！
- B類：這類領袖拚命表演脆弱，因為他們聽說這樣做才「對」——但他們做得很爛。「各位，這件事我實在難以啟齒，但主管以下的員工今年沒有分紅。我相信各位一定很難過，我和大家一樣難過。」

報告長官，實情恐怕不是這樣，畢竟你還是拿了一大筆分紅。人人厭惡假脆弱，嗅得出這樣的人從骨子裡散發的虛偽。這樣做比一開始就根本不演更破壞信任。

包括脆弱在內，任何好東西到了自我覺察不夠的人手裡都會被操弄。德格羅特說：「假脆弱是自我分享的黑暗、扭曲的形式，這種分享只是拉攏別人的手段。」

假脆弱和我們近年經常見到的另一種表演形式關係很深，作家特雷・泰勒（Trey Taylor）稱之為「作戲式真誠」（Performative Authenticity）。這種行為不只滲入傳統領袖圈，連一般意見領袖和社群媒體網紅都沾染這種惡習。他們現在拚命宣傳自己的「真」，不斷發布看似隨興的抓拍、過度曝光的自拍，以及「原本打算淘汰」的相片。結果反而感覺更假。

老實說，這已經讓人彈性疲乏。

他們低估了我們的智慧，不論在職場或社群媒體上，我們看得出來他們在玩什麼把戲。

真誠而得體地展現脆弱仍非人人皆備的能力。吐露私密的想法和感受是將自己暴露於風險之中，需要高度自我覺察和情商技巧才能收放自如，安之若素。如果你現在還做不到，一點關係也沒有！真誠、動人、恰到好處的情緒暴露需要學習，有的人只是還沒有機會和教練、心理師、前輩或好朋友練習而已。

怎麼做絕對不完美的自己

希望我們現在已有共識：我們應該一起停止追逐職場金像獎。如果我們願意敞開心扉，赤裸裸地展現整個自己，情緒暴露的程度一定會增加。坦露自己不完美的一面絕非易事！

佐薇・卡布先（Zovig Garboushian）是雜誌廣告領域的重量級人物。入行以後一路晉升，曾任時代公司（Time Inc.）行銷主管，後來成立自己的教練與諮詢公司「燃燒膽識教練」（Boldness Ablaze Coaching）。但佐薇說，在剛剛進入職場的那幾年，她最缺乏的就是膽識。她說年紀還小的時候，不只大人不太敢唸她的亞美尼亞名字，別的小孩也一直拿她名字開玩笑。其他小朋友不是乾脆叫她「蘇菲」，就是根本不叫她的名字。

長大過程中，佐薇開始為自我介紹焦慮，到二十多歲還有人對她說：「你爸媽當初給你取這個名字的時候，到底在想什麼啊？」或「哇，好難唸，你有綽號嗎？」或「可不可以叫你Z就好？」最糟的是，有一次在一封寄給全體銷售團隊的電郵中，微軟 Word 應用程式把她的名字自動校正成「熱威樂素」（Zovirax）——一種皰疹藥。接下來兩個小時，她接到好幾封回覆全體的郵件：「恭喜熱威樂素！」同事覺得好笑，她只覺得想挖個地洞鑽進去。

相較之下，迎合他們容易多了——跟著附和這的確是個怪名字，或是跟著嘲笑熱威樂素事件——如此一來就能簡單帶過這些尷尬互動。

到了三十五、六歲左右，佐薇總算遇到一位改變她想法的同事。那天她主動表示友善，像平常一樣介紹自己：「嗨，我叫佐薇，很高興認識你。」講完以後，她馬上準備迎接每次自我介紹之後對方必然露出的困惑。可是在對方停頓下來、似乎一臉茫然時，她沒有像過去一樣急著填補空白，反而保持尷尬的沉默。那位同事請她再說一次她的名字，她說了。接著又一次。在如坐針氈的幾分鐘後，那位同事說：「有個不會和別人撞名的名字一定很棒。」

這句話改變了她。她不再為了迎合別人接受「簡單一點」的稱呼，也不再忙著填補尷尬的沉默，幫對方卸下唸不出她的名字的不自在。這是佐薇的轉捩點。她不再把別人的困窘當成自己的問題，現在，她能自然而自信地講出自己的名字。等待對方回應時，她不再尷尬：「如果他們不知道怎麼唸，就讓他們問。如果他們好奇這個名字的由來，我很樂意講給他們聽。直到今天我還是這樣做。雖然還是尷尬，但我能應付了。」

學會擁抱這種尷尬（以及其他佐薇覺得自己必須為別人圓場的時刻），讓她的個人修為和職場表現突飛猛進，也讓她更有能力在以往令她手足無措的情境中採取行動。如她現在所說：「一點尷尬不會死人。」

不妨學學佐薇，別再依賴假裝的情緒和自我保護的陳腔濫調，容許自己稍微露出生而為人與生俱來的尷尬，這是讓尷尬成為你的助力而非阻力的偉大起點。

沒有人是完美的。我一定不是，我相信你也不是（如果你認為自己完美無缺，我想你恐怕挑錯了書，我很樂意送你出去）。坦然面對不完美的自己，是擁抱尷尬、讓它成為你的超能力的第一步。

就從願意向你的團隊和同事說出這些話開始：

- 我搞砸了。
- 我不知道現在該說什麼。
- 我在想辦法解決。
- 我不太清楚現在該做什麼，但我會邊做邊學。
- 我不太確定下一步該怎麼做。
- 情況可能會有點亂，但我們得試試。
- 感覺不太好，對吧？[3]

開始分享令你尷尬的錯誤、不完美的嘗試，還有那些我們都曾經歷、卻很少從我們敬佩的人身上看見的笨拙時刻。

在我們不清楚自己知道什麼的時候，自我認同的間隙可能令你格外不舒服，但願你越來越清楚自己為什麼困在那裡、為什麼作戲不是理想解決之道，還有如何運用真誠和天生的不完美搭起必要的橋梁，加速走向成功。

當你知道尷尬從何而起，是否代表你已準備好披上良性尷尬的超人披風，從尷尬中拯救世界？當你能以真誠和尷尬帶領你的團隊和同事，是否代表你能輕易接受尷尬的感覺和冒更大的險？

不可能！

抗拒將蜂擁而至。執念將不斷湧現，千方百計阻攔你。心理迷思將讓你寸步難行。但援軍在此（我的披風或許不太帥氣，但我會罩你）。在第二部分，我會一一點出可能阻撓你的心理障礙，讓你先下手為強。了解這些搗蛋鬼能大大提升你的自我覺察，幫助你擁抱尷尬——甚至引以為樂！

3 由於文化養成和價值觀的影響，講出這些話可能不太容易。有的人已經受到制約，相信顯露不完美會讓人覺得自己脆弱（例如，「要是我這樣講，看那群妖魔鬼怪不吃了我！」），對這種練習可能特別不自在。審視自己的成長過程和我們告訴自己的故事十分重要。

基本上只要有人在，我就會尷尬。

蘭諾・絲薇佛
Lionel Shriver

Part

2

心理迷思和障礙

Chapter 4

如何從尷尬獲益——即便感覺彆扭依然如此？

Chapter 5

可是，別人會怎麼想？

如何從尷尬獲益

即便感覺彆扭依然如此？

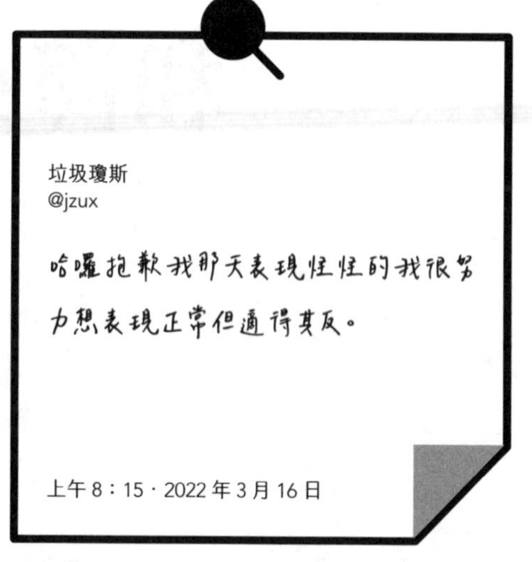

垃圾瓊斯
@jzux

哈囉抱歉我那天表現怪怪的我很努力想表現正常但適得其反。

上午 8：15．2022 年 3 月 16 日

薩蒂雅（Satya）從小對社交缺乏自信。她爸媽自信又外向，走到哪裡都能毫不費力擁有好人緣，不僅在小學親師活動上的募款成績總獨占鼇頭，在各自的專業機構也快速晉身主管。「我爸媽總說：『生面孔只是還沒交上的朋友。』」薩

蒂雅邊對我說邊嘆氣：「為什麼我就沒有那種感覺？我總是覺得好尷尬。」

她姊姊內娜（Naina）和爸媽一樣個性外向，容易交朋友。由於薩蒂雅的性格和全家都不一樣，她漸漸相信自己對社交尷尬是因為脆弱和能力不足，除了高中和大學少數幾個好朋友之外，她大多數時間獨來獨往。

剛進入職場那幾年，她眼睜睜看著同儕一個個升上比她更高的職位，有的是因為與重要人士相熟，有的是因為用心經營跨部門人脈。所以，當她順利獲得新工作，進入名列《財富》雜誌五百大的生技公司，她知道自己也必須建立人脈，職業生涯才能更上一層樓。因此，儘管她心中忐忑，她還是決定參加公司辦的一場大型交際活動。

一到現場，薩蒂雅再一次被熟悉的尷尬感淹沒，開始說話結巴，沒辦法和任何人眼神接觸。她怎麼也沒辦法擺脫丟臉和格格不入的感覺，心裡嘀咕參加的人八成都在看她笑話。換作以前，她一定腳底抹油溜之大吉，但這一次，她要求自己絕對不能重蹈覆轍。她決定暫時別再多花力氣消除尷尬，和不安相處一段時間，對周遭事物保持好奇。她不再在自己身上糾結，深吸一口氣，集中注意環視全場。她馬上發現有人看起來和她一樣手足無措：有兩個同事縮在一旁角落，蹺著腳，雙手交叉，一看便知渾身不自在。知道自己不是唯一一個覺得跑錯地方的人，薩蒂雅對那兩個同事產生親切感。她走向離她比較近的那名年輕男士，決定試試在家裡和姊姊練習過的開場白。「這種活動對我來說實在尷尬得恐怖，但我和我姊打賭，說我今天起碼會和兩個剛認識的人說話，可不可以請你幫我做個業績？我實在不想輸她二十塊！」

那位男士開口大笑，肩膀立刻放鬆：「好啊，請！我在這裡半個人也不認識，尷尬得要死。我叫米切爾（Mitchell）。」他邊說邊伸手和薩蒂雅握手。

兩人漸漸聊開，薩蒂雅繼續分享她對社交缺乏自信，總是害怕自己無法達成父母的期望，也擔心自己的心理障礙對職涯發展不利。令她驚訝的是，米切爾頻頻點頭，心有戚戚，不但分享自己在這方面的困擾，也對薩蒂雅講了幾個他在這種場合用過的錦囊妙計。

薩蒂雅開始發現她對尷尬的假設是錯的。原來尷尬是人類正常經驗，並不代表脆弱。透過接受這種經驗帶來的不自在，她和米切爾於私培養出深厚情誼，於公建立起專業人脈。幾個月後，兩人在大型計畫合作，這份關係成為他們的競爭優勢。

日子一久，薩蒂雅漸漸學會把自己的尷尬看成資產，而非負債。她發現擁抱尷尬場面的不自在其實是觸媒，能為她帶來成長和進步。她後來在公司女性員工資源團體擔任導師，用自身經驗和公司裡的年輕女性建立連結，鼓勵大家為專業和個人成長擁抱自己的尷尬時刻。

我們對尷尬的想法和假設未必符合事實。我們相信只有情緒脆弱和缺乏安全感的人才會尷尬。我們假設這些不安時刻既然帶來負面感受——伴隨它們而來的常常是自卑、後悔、挫折，甚至罪惡感——所以一定會造成惡果。我們以為只要自己不再感到尷尬，就能更有自信。然而，這些想法和假設其實都是心理障礙，阻撓我們將尷尬化為可貴的資產。幸運的是，我們可以改變它們——如果想把尷尬化為優勢，就非改變它們不可。

心理障礙1
只有情感脆弱的人才會尷尬

別聽他們瞎說。

（我不是英國人，但我先生的奶奶是，我想學她這樣講話很久了。）

尷尬是最具人類特色的情感，不是缺陷，也不是脆弱。有研究指出尷尬似乎是人類共通的情緒。

作家梅莉莎・達爾（Melissa Dahl）曾在書中引述一九六九年的一份研究，作者是人類學家艾德蒙・卡本特（Edmund Carpenter）。卡本特為巴布亞新幾內亞的比亞米（Biami）部落花不少時間，他認為比亞米人從沒見過自己的模樣，也從沒聽過自己的聲音播出。卡本特這樣推測的確合理，因為比亞米人沒有鏡子、相機或智慧手機，當地的河流也流速太快，看不見倒影。於是，卡本特造訪時帶了不少現代小玩意去，其中包括鏡子。達爾引述卡本特的研究說，當比亞米人第一次在鏡子裡看見自己的全身，「他們低頭摀住嘴巴，腹部肌肉顯示他們非常緊張」。感覺很熟悉吧？達爾說：「聽起來就像我做了什麼蠢事尷尬不已的模樣。」

達爾也說，看見比亞米人為出乎意料的事尷尬和畏縮，讓她感到人類之間何其相似，「更突顯出人類經驗荒謬絕倫」。除了尷尬的共通性之外，我們一定也同意：世上唯一能確定的事，就是世上充滿不確定。尷尬和不確定就像情緒狀態的襪子和涼鞋——你絕對不想看到它們同時出現，但它們有時就是搭在一起。面臨不確定的時候，我們經常感到猶疑不定，自我意識變得敏感，對自己失去信心，導致我們在盡力掌握情況時做出尷尬的行為或社交互動。

即使你一直過得十分幸福，人生裡的不確定相對不多，二〇二〇年初的那場巨變還是顛覆了我們每一個人的生活。沒有人能一生順遂，一次波折也沒有。雖然許多人認為容易感到尷尬的人必定情感脆弱、沒安全感，但實際上，心理堅強的人不但接受尷尬，甚至邀請尷尬進入人生。因為他們知道成功必須冒險，而尷尬是冒必要風險不可避免的副產品，所以他們不會設法閃避尷尬。可惜的是，現代社會明明知道這個道理，卻還是瘋狂追求平順，竭力消滅一切挫折。

這種變化是幾百年來漸漸發生的。古代文化是出了名地擁抱也尊重尷尬和不確定，視它們為生命中必然存在的挑戰。衝突、拚搏、逆境、行過坎坷之路都有珍貴而重大的意義，不論世界各大宗教、斯多噶哲學或希臘神話，對此都曾留下無數格言和故事。投資家兼創業家薩希爾．布隆（Sahil Bloom）說，許多作家和哲學家都將衝突、拚搏、逆境刻畫為人生「質感」（texture）。他在部落格裡寫道：

質感讓我們更能覺察特別的時刻：

- 平順時刻輕易流逝，很快被遺忘。
- 質感時刻過得緩慢，感覺漫長，留在記憶之中。

古代之所以賞識拚搏，就是因為它擁抱質感——體驗衝突，藉以成長。

我欣賞把人生逆境描述成「質感」。在那段時間，尷尬而顛簸的人生被稱許為有質感的人生，命運因多舛而豐富。現在呢？很遺憾，現代社會厭惡質感。

「在亞馬遜（Amazon）結帳為什麼要點這麼多次？可惡！不能一鍵購買不如叫我去死。」

「為什麼中午要特地安排和新同事聚餐？還要聊一聊建立感情？Slack 是幹嘛用的！」

據說 HubSpot 執行長布萊恩．霍利根（Brian Halligan）這樣講過：「阻力越少，錢進來越多。」從行銷角度來說或許沒錯，可是就刺激潛能而言常常不是如此。按布隆的看法，沒有阻力的人生簡單輕鬆。現在許多人不必出門上班，很少遭遇交際活動和陌生人搭話的尷尬，也很少需要面對面和同事溝通或互動。雖然新的工作方式一定有優點，但也必須付出沉重代價。

在人生每一個選擇點竭力追求平順，是不是捨本逐末？事實上，感到尷尬、不確定、不自在，很少代表情感脆弱或沒安全感，通常只是缺乏練習。如果我們不練習應對逆境或出乎意料的事，遇到的時候當然會使盡全力拚命抗拒。不曾遭遇尷尬或意外的人不會成長或應變，因為如果沒有逆境刺激我們用新的方式應對，我們很容易變得僵化、脆弱、沒效率。

在《反脆弱》（*Antifragile*）裡，作者納西姆．尼可拉斯．塔雷伯（Nassim Nicholas Taleb）將人分成三類：脆弱、堅韌，以及反脆弱。

- 脆弱的人難以應付尷尬、意外、新挑戰——簡言之，他們不懂得處理會暴露自我認同間隙的事。
- 堅韌的人出糗會尷尬或手足無措一下子，但很快就能恢復。
- 反脆弱的人刻意邀請可能感到尷尬的機會，主動探索自我認同間隙的牆，在這些情境中茁壯。

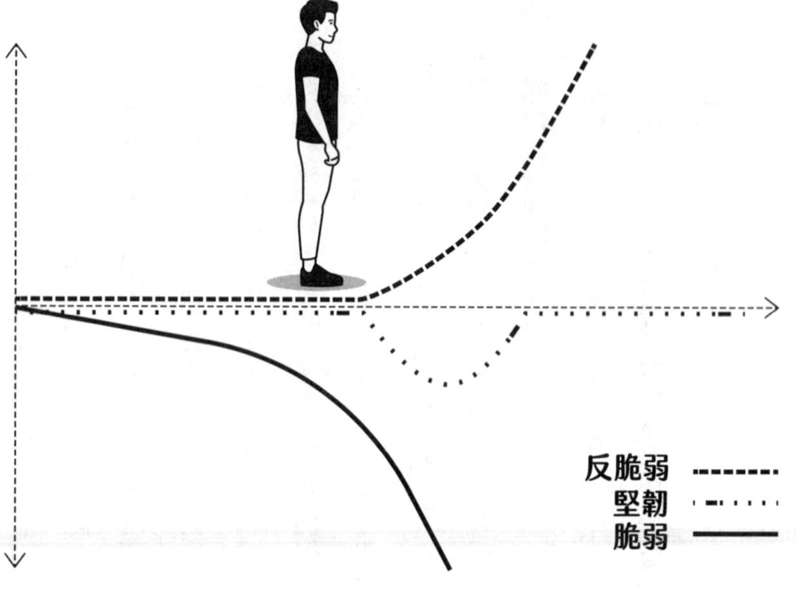

小孩天生比成人更反脆弱，因為他們追求社會認可的情況還沒那麼明顯，所以更能在不自在中成長茁壯。然而，創辦兒童獨立自主運動的蘭諾・史坎納茲（Lenore Skenazy）認為，孩子們經常受到過度保護。她曾與一群七年級生一起做事，卻發現他們從沒用過利刃。「頂多用過奶油刀，就這樣。」她說：「我們忘了孩子天生有韌性！現在的孩子比我們文化認為的更聰明、也更堅強。」

雖然我能理解家長不放心教孩子用刀，畢竟用刀的確有安全風險，但我也知道有些同年齡層的孩子從沒自己點過餐，或是從沒問過店員廁所在哪裡。刻意給孩子從事小冒險的機會十分重要（例如容許他們在大人監督下使用菜刀，或是在餐點送錯時向店員反應），這樣才能幫助他們強化心理韌性，成為反脆弱、擁抱尷尬、克服逆境的成人。

不論幾歲，我們都能努力維持或恢復自己的反脆弱，成為那種因為樂於擁抱尷尬而日益茁壯的人。為了成為那樣的人，我們可以開始練習選擇艱難之路的小技巧，讓自己在有坦途可走時也刻意選擇崎嶇不平的路。接著，請跟著我說：擁抱風浪吧，平靜的海無法造就老練的水手。

當你認為只有情感脆弱的人才會尷尬，可以用以下幾種方式克服這種心理障礙。

❶經常提醒自己每一個人都會尷尬。人在尷尬的時候，內心的聲音很容易說服自己只有自己才是如此。我們在心裡對自己說的往往是：「自信的人才不會這樣，對吧？」或「我只是還沒準備好」。感到尷尬或丟臉的時候，有些人會出現身體反應，像臉紅。但除了身體反應之外，我們也會有固定的心理反應。想減輕這些反應需要費點工夫。請不斷提醒自己沒有任何一個人不是如此，藉此脫離它們的影響。切記一件重大事實對你有益：擁抱尷尬是每一個人的功課——不只是我的。

❷改變你的陳述，從「我就是」改成「我覺得」。你不等於尷尬。「我就是彆扭」不可能是事實，因為我們之前提過，尷尬是形容詞。事實上，很可能有人以你為榜樣，認為你比他們沉穩得多。在嘗試擁抱尷尬時，我們必須改變心裡的陳述。別對自己說「天啊，我真是彆扭！」把說法改成「我現在覺得不太自在」就是重大轉變，讓尷尬從我們永久的身分狀態（我是什麼樣的人）變成暫時的感受（我感覺到什麼）。你過去會感到尷尬，將來還是

會感到尷尬，但這種感覺的力道會一次一次逐漸減少。

❸徵募你的尷尬援軍。學到「尷尬人人皆有，不是情緒脆弱的人獨有」是一回事，相信這個事實是另一回事（在特別尷尬的互動之後，往往更難相信）。這種情緒十分折磨人的部分原因是我們很少討論。諷刺的是，逃避尷尬反而是為尷尬搧風點火。

為了將尷尬化為資產，請和你信任的同事聊聊（一個不嫌少，好幾個也不嫌多），一起回味一下你的尷尬時刻。衷心相信這種感覺人人都有，就從願意分享開始。有些團體會簡短寫下職場糗事或尷尬的互動，用便利貼貼在牆上，或是列入共享的 Notes 或 Slack 頻道，持續更新。這樣做的目的不是反芻尷尬的不安，而是學習正常看待尷尬，接受它

是追求成長不可避免的部分，最後卸下它的力量。信任的同事也能幫助你思考，為「那次經驗教了我什麼？」、「為什麼我會有那種感覺？」等問題找到更好的答案。援軍能幫助你突破盲點，看見你自己或許不易看出的功課。這樣做是為了讓你信任的人協助你成長，這種小圈圈不只能讓你安心分享你的尷尬時刻，也鼓勵你這樣做。

心理障礙2 我永遠應該信任自己的情緒

越是遇上令人尷尬的情境和對話，越容易把焦點放在自己不想感覺和思索的事物上。

比方說你和上司開視訊會議，她問到由你負責的計畫，你卻不知如何回答。於是你開始緊張，自我意識變得敏感。問題懸在那裡，而你背後的時鐘繼續滴答滴答走著，節奏可恨地與你尷尬上升的程度合拍。

第八級，第九級，第十級。

這時，你開始在心裡咒罵幾秒前的自己為什麼要緊張，接著擔心說錯話會讓上司覺得你能力不足。你對自己逐漸失去信心，願意做任何事結束這尷尬的沉默。

問題是，當你把注意力集中在負面想法和感受上，解決和回答問題的能力很可能進一步打折。你不只感到不安，還決定自己必須不安。你不僅擔心自己顯得無能，還開始以為自己的確無能。而你一旦感到不安，認定自己能力不足，當然會認為最好別做擴大或脫離舒適圈的事。

請別誤會，我舉雙手贊成承認自己的情緒。我不是要你背叛自己或自己的感受。你感覺如何就是感覺如何，為了某種感覺而產生罪惡感或責備自己毫無助益。可是，把決定百分之百交給一種情緒恐怕有危險。

我曾與營運總監古斯（Gus）合作。他們公司的週會平時都由全球策略部的琳賽（Lindsay）主持，但有一次古斯自告奮勇，希望能藉此提高他的團隊的能見度，並促進與策略團隊的跨部門合作。琳賽在公司備受敬重，古斯真的很想給她的部屬留下好印象。

怎知會議才剛開始，他就發現自己忘了帶筆記，不但開始結巴，還忘了關鍵成員的名字和那個專案的重要細節。「那是場災難。」古斯說：「我覺得很丟臉也很尷尬。那種感覺糟透了，我當下就打定主意將來再也別代琳賽主持會議。如果可以，何必再讓自己陷入那種境地？」

古斯不是唯一會這樣想的人。這種逃避案例我不知已經見過多少次。拜人類內建的社會傾向（social wiring）之賜，尷尬情緒對許多人的威力不下於一座發電廠。因為這種經驗在當下感覺很差，於是我們決定將來也要避免類似的經驗。拿古斯來說，他容許尷尬造成的不適感主導將來的決定，以致失去營運與策略團隊合作所可能帶來的龐大益處。他任這種情緒變成逃避，讓大腦奪走職涯成長的良機。

心理學家茱莉・史密斯（Julie Smith）博士建議我們這樣看待情緒：情緒是大腦試圖解釋我們的世界和身體正發生什麼事，並賦予意義。情緒是我們嘗試提出的猜測和視角，有時能提供不錯的指引，但未必總是如此。

蘇珊・大衛（Susan David）是哈佛醫學院心理學家，著有《情緒靈敏力》（*Emotional Agility*）一書。她曾提出另一種思考情緒的角度：「情緒是數據，不是指令。」情緒能帶給我們可貴的資訊，如果我們是一輛車，情緒能幫助我們運行，但方向盤不能交給它。

情緒也可能欺騙我們，因為我們太容易把情緒和事實混為一談。資深系統分析師安東尼歐（Antonio）告訴我，有一次公司為即將發行的應用程式開會，他雖然不贊同技術指導的看法，但他是新人，不好意思開口，擔心提出異議會讓人覺得他不好相處或故意找碴。事實上，這種情緒在欺騙他，因為經驗證明不同意見激盪和健康的討論對團隊有益，有助於提高業務成果（在這個案例中，安東尼歐是對的——因為他的發言，公司才不致推出有漏洞的應用程式）。

在需要放膽一試的時候，如果我們太關注自己的情緒狀態，以為自己的情緒反應即是事實，就有可能以純粹的情緒反應回應（「我還沒準備好！」），而不是在充分獲取資訊之後清明地做出選擇（「這對我來說是新的嘗試，有點自我懷疑是正常的，就花點時間想想該怎麼做吧。」），這是有風險的。

尷尬時不應永遠信任情緒的另一個原因滿有趣：這樣做會縮限你的視野，讓你看不見出錯帶來的正面副產品。如果我告訴你，不小心把咖啡潑在白褲子上可能有好處，進電梯時不小心絆自己一腳可能讓人對你留下好印象，你相信嗎？

你一定會說我腦子有毛病，對吧？

可是，根據艾略特．亞隆森（Elliot Aronson）在一九六〇年代做的研究，這種笨拙、尷尬的失誤帶來的好處常常超乎你的想像。這叫出醜效應（Pratfall Effect），是社會科學和心理學領域中非常有趣的現象。

既然你是個會看書的人，我假設你聰明、能幹、精明幹練。出醜效應指出：同樣是眾所公認非常能幹的人，會犯日常小錯的比不會犯的更有人緣。沒錯。不小心把咖啡潑到褲子上讓你更討人喜歡。

怎麼會這樣？

出醜效應之所以能發揮作用，是因為超級聰明、無敵能幹的人常常被當成「超人」，很容易讓人覺得難以親近，甚至多少讓人產生壓迫感。犯點小錯能讓別人看見他們人性的一面，因此變得更喜歡他們。

在第五十三屆葛萊美獎（Grammy Awards）頒獎典禮上，女神卡卡（Lady Gaga）發生服裝意外，表演時左邊鞋子掉了。雖然不是珍娜・傑克森（Janet Jackson）超級盃中場秀那種等級的服裝意外，但還是出人意料，令人尷尬不已。無論如何，女神卡卡依然熱情地載歌載舞，儘管少一隻鞋子。

女神卡卡沒有讓尷尬時刻干擾自己，反而迎向它，讓它成為表演的一部分，觀眾為之瘋狂。電視新聞盛讚她專注當下的本領，說這種不完美但大膽、幽默的表現讓這次表演更令人難忘。女神卡卡願意擁抱尷尬發揮了龐大、正面的涓滴效應。除了展現自己的人性之外，這場演出也凸顯出她的敬業精神和即興表演功力。這場表演成為那年葛萊美獎

的亮點之一，她的粉絲甚至因此更喜歡她。

這就是出醜效應的精髓。

在亞隆森的原始研究後，還有許多學者針對其他因素加以探討，例如性別、自尊，甚至更嚴重的失誤，但大多只是再次證實這個反直覺的現象：搞砸事情有好處。意外失誤可能帶來意外收穫。

我想聲明一下：我不是建議你下次開會故意把咖啡灑在身上，而是希望更多人知道這個值得關注的現象，因為這對每一個人都是好消息。我們的確喜歡既能幹又尷尬、笨手笨腳的人。真正重要的是提升能力，而不是追求完美無瑕。

請和我一起說：**雖然尷尬讓你心跳加速，但別讓它左右你的步調。**

如果你被過去的尷尬經驗困住，現在難以採取行動，請考慮以下策略，幫助自己再次前進：

❶**感謝你的大腦。**首先，如果社交互動令你感到尷尬，請向你的大腦聊表謝意，因為這代表它是健康的，有發揮應有的功能，做它該做的事。在千百年來的演化過程中，人腦變得越來越容易感到尷尬不是沒有原因的。我們現在之所以能光速斟酌應對進退，都是因為大腦已經非常善於合作，深諳社交禮節，懂得營造平和的互動。幹得好，大腦。向你致敬。

❷**透過中性思考區分情緒和證據。**為了進一步了解因尷尬而不安的價值，我們必須提高自己抽離的能力。增進抽離能力的技巧之一是中性思考，這是崔佛・莫瓦德（Trevor Moawad）在《成功需要這樣做》（*It Takes What It Takes*）中提出的概念。我是和「心態無限」（Limitless Minds）合作時學到的，這個組織由美國橄欖球聯盟四分衛羅素・威爾遜（Russell Wilson）、哈利・威爾遜（Harry Wilson）、DJ・艾迪遜（DJ Eidson）和不久前過世的莫瓦德

共同創立，宗旨是推廣心態訓練和心理控制技巧，讓一般人也能學習這套原本只有職業運動員練習的技能。中性思考背後的核心觀念是：我們固然不該忽視自己的情緒反應，但最好只把它當成眾多資訊之一，在情緒牽涉到未來的決定時尤其如此。被過去的尷尬經驗困住時，中性思考能讓你仔細思索「感覺」到底想告訴你什麼。你可以透過以下問題，讓自己確認現實，將情緒中性化：

- 如果我和信任的朋友談這件事，他們會怎麼看？
- 如果我在這種情況下採取行動，最糟的結果是什麼？發生這種結果的可能性多高？
- 我認為情況會變壞，有哪些證據支持我這樣想？這些證據依據的是事實，還是我的情緒？
- 如果我在這種情況下採取行動，我的人生可能如何改善？採取行動的潛在好處是什麼？
- 對於眼前的情況，我從過去經驗學到的東西有哪些值得參考？我這次可以表現得不一樣嗎？

- 現在的我到底是讓情緒控制行為，還是依據我所獲得的事實和證據做理性決定？
- 如果現在這種情況不採取行動，我會有什麼感覺？將來會後悔嗎？

中性思考的另一個優點是能讓你漸漸領悟：看似尷尬的沉默常常不是真的尷尬，而是你（或對方）正在深入思考。

❸視覺重設。出現尷尬這種自我意識情緒的時候，大腦會把造成這種感覺的事和將來避開它的衝動連結起來。久而久之，我們會變得習於逃避自己認為有威脅或不自在的情境，即便那些情境其實無害或有益成長也是如此。

為了打破這種逃避的自動循環，我們可以準備一些視覺重設線索（可以是相片、物體，或是把前述問題寫在便利貼上），讓這些視覺提示打斷負面思考和情緒模式。視覺重設線索能幫助我們按下心中的重設鍵，用更好奇、更開放的心態探索我們試圖逃避的情境。

我最喜歡的視覺重設線索是一個驚奇少女（Ms. Marvel）可動公仔。如果你對漫畫不熟，這個角色是個極其彆扭的巴基斯坦裔美國高中生——聰明、成績好，但難以和同學打成一片。可是她身懷龐大的超能力，假以時日，她會學會如何將自己的不同化為力量（她讓我忍不住想起我認識的某個人）。

驚奇少女總能提醒我深呼吸一口氣，把注意力集中在現在擁抱不完美行動的益處，不沉溺於過去的不愉快。重設此時此刻能讓我向前邁進，思索有建設性的問題，進而付諸行動。

你呢？當過去的尷尬感受讓你開始負面思考，你用什麼視覺線索提醒自己別這樣做？

心理障礙3
完全不再尷尬能讓我更感自信

我們高估了從容自若的自信。你沒聽錯，我說的。

這種自信不可能持久，因為成長的每一個轉折都能擊潰你的從容。人幾乎不可能一面進步一面保持優雅。相信我，我試過了。

尷尬、堅實的自信才是不斷學習與不確定共處的結果。它在職場和個人生活的接連變化中成長，歷久彌堅。這種自信是我們一次又一次選擇手忙腳亂的回報，是擁抱尷尬的獎勵。它是嘗試新事物的副產品，而非先決條件。

每一個人在嘗試新事物之前都希望擁有信心，但信心很少唾手可得。在很多時候，所謂「冒牌者症候群」其實只是正常、健康的自我懷疑。雖然這種感覺在性別光譜上無處不有，但女性特別多。

康乃爾（Cornell）和華盛頓州立大學的心理學家做過研究，證實女性的自我懷疑程度的確較高。除此之外，我想許多人也聽過另一份令人挫折的研究：同樣是應徵工作，女性只會在自認100%符合條件之後才提出申請，男性則只要60%符合條件就放膽一試。我們已經看到的是：等待先有信心其實會削弱自己的職涯抱負。

新情境本來就該令人不知所措，充滿尷尬和拒絕風險的社交場合尤其如此。事實上，如果自我懷疑能刺激你更加努力、督促你準備更充分，鼓勵你爬得更高、成長更快，這種感覺不僅健康，甚至有益。在《哈佛商業評論》（*Harvard Business Review*）的一篇文章裡，顧問兼作者克麗絲蒂．杭特．艾斯卡特（Christie Hunter Arscott）指出：雖然女性經常出現自我懷疑傾向，但許多女性還是持續茁壯。艾斯卡特採訪也指導過不少成功女性領袖，發現她們絕大多數雖然也會懷疑自己，卻還是開創出多彩多姿的豐富職涯。

「這些女性還有一個共同點：即使缺乏自信，還是勇敢去做——事實上，別人經常拿這點攻擊女性，甚至以此解釋她們為何無法達成職涯目標。」艾斯卡特說：「（成功的）女性即使充滿恐懼和疑問，甚或懷疑自己有沒有『準備好』，卻還是毅然決然向前邁進。」

換句話說，雖然後臺版的真實自己是一回事，前臺版的理想自己是另一回事，直面兩者之間的落差恐怕免不了尷尬，女性還是願意多花時間探索這道縫隙。

在現代職場中，我們也看到某些社交—情緒技能越來越獲重視。不過，雖然脆弱、溫暖、同理、謙虛等特質已經成為專業發展的熱門話題，培養這些技能對許多人來說既不自在又充滿挑戰，對男性尤其如此。

我的客戶奧利佛（Oliver）是媒體代理公司資深主管，有一次他的部屬席耶娜（Sienna）來找他，想和他談談私下遭遇的困難，因為這些問題已經影響她的工作。然而，奧利佛從小接受的是強調「剛毅木訥」的英式教育，很少討論情感。碰觸這種話題對他來說很不自在，但他知道自己必須在這方面有所成長。

「我拚命想該講什麼話比較合適，但一塌糊塗。」他說：「我揮之不去一種感覺：當主管的應該更懂得處理這種事。我那時百分之百覺得自己是個冒牌貨。」

奧利佛對我說，他最後還是和席耶娜好好談完，也對她坦白三件事：(1)他真的希望自己知道怎麼回應才對；(2)他仍在學習如何增進情感對話能力；(3)他對這整件事感到尷尬，但有心幫忙，也會盡力。事實上，這正是席耶娜需要的，除了傾聽和支持之外，她別無所求。雖然這場對話沒有深度揭露內心，也沒有真正展現真脆弱，但奧利佛光是坦言自己感到尷尬，就為他們的專業關係建立連結。

對奧利佛來說，願意在職場上承認和擁抱尷尬，不僅增進他身為主管的自信，也與他看重的團隊成員建立更深厚的專業關係。透過對人、對己坦承自己仍在某個領域學習和成長，我們培養出契合現代、可長可久的自信——尷尬的自信，這種自信不僅能促進真誠的溝通與合作，也能提升韌性和自我覺察。

我在客戶和朋友身上都見過這種變化。作者里奇．利特文（Rich Litvin）也為擺脫冒牌者症候群提供了另一種辦法：「努力把事做好。事實上，如果你不覺得自己是個冒牌者，代表你還玩得不夠大。」

覺得自己像個冒牌者或感到尷尬，不一定代表你缺乏自信或表現不妥。我在許多高成就者身上都看過這些反應，這往往代表他們正迎向挑戰，將自己推出舒適圈，進入成長和進步的新領域。我們可以學習承認和擁抱自我懷疑的感受、為將來的尷尬情境擔憂的感受，將它們視為學習過程的一部分。

話雖如此，我們仍應小心不要過於籠統地看待冒牌者症候群，因為造成這種想法的環境和文化因素常常是系統性的，未必源於個人的自我懷疑[4]。

不幸的是，有些女性高階主管覺得自己必須完美，因為她們往往是會議室裡唯一的女性，經常（不公平地）受到過度檢視。別人期待她們永不犯錯；一旦犯錯，她們會遭到更嚴厲的批評。她們必須承擔絕對不能陷入尷尬境地的壓力，必須活出最高標準的「自信」，亦即「零缺點」。黑人、原住民、

[4] 若有意進一步了解女性自我懷疑的背景，《哈佛商業評論》的文章〈你沒有「冒牌者症候群」〉（Stop Telling Women They Have Imposter Syndrome）（譯按：https://reurl.cc/myOg89）為必讀之作。

有色人種女性的壓力更大，因為衡量她們的標準是白人、異性戀、順性別男性訂的。在這群男人眼裡，他們建立的標準即是「常規」。

雖然加在女性身上的心理壓力和要求是真實的，但還是有辦法將尷尬化為資產。

琳賽・卡普蘭（Lindsay Kaplan）就做到了。

卡普蘭是女性領導者私人網絡 Chief 的共同創辦人兼品牌長。截至本書交稿之前，公司市值已在三年內衝上十億，成為難得的「獨角獸」企業，打破過往女性創辦人的紀錄。我有幸從一開始就擔任 Chief 的創始主管教練，自二〇一九年初便與這群女性領導者共事，在第一線看著卡普蘭（和她的共同創辦人卡洛琳・奇爾德斯〔Carolyn Childers〕）一路披荊斬棘，將公司帶向成功。對卡普蘭來說，擁抱尷尬於公於私都帶給她龐大收穫。

「我是個容易尷尬的人，我想大多數人都是這樣。所謂已經『克服尷尬』的人常常只是演技很好而已。」她說：「但我由衷熱愛擁抱我的尷尬，擁抱自己不符合典型女性主管形象的一切。」

卡普蘭說位高權重的女性很少擁抱尷尬。男性大人物通常有更大的自由當尷尬人，像身價上億的書呆子、個性古怪的創作者（身上往往還有幾個刺青！），接受這種角色的男性似乎經常成功。

「我想不出任何一個尷尬又成功的女性形象。」談到擁抱尷尬的女性，我們想到的通常不是諧星（像歐布莉・普拉札〔Aubrey Plaza〕和茗蒂・卡林〔Mindy Kaling〕），就是喜歡自嘲的角色（像《超級製作人》〔*30 Rock*〕的蒂娜・費〔Tina Fey〕和《歌喉讚》〔*Pitch Perfect*〕的蕊貝兒・威爾森〔Rebel Wilson〕），但男性卻能在生活的各個面向展現尷尬。卡普蘭希望能發起一場運動，改變女性領袖在這方面的處境。

「我和我的共同創辦人都沒把自己看得太重。」她坦言：「既然大多數女性主管都磨練出鋒芒不露的本事，我想擁抱這種特質能讓我們更可親、更真誠，讓大家更加自在。我總覺得扮演『完美女性』滿尷尬，所以我連試也不試。從沒試過。我做不到。我從沒想過要試。」

「大家第一次見到我的時候，表現出來的感覺總是：『你滿正常的嘛！我不知道你這麼好相處。』我們只是對發生的事非常坦誠而已。我們不會照別人期待的樣子編故事。就算這樣做，大家也會看穿。」

Chief 市值高達十億美元，我想宣布尷尬勝出應該沒什麼爭議。

我們有些人和卡普蘭一樣，有幸能在心理安全禁得起考驗的良好環境裡生活和工作。她的故事是很好的啟發，提醒我們挑戰成長極限。不論對職場或個人發展來說，挑戰極限都是必要的。如果你有遠大的目標，希望自己更勇敢、也更大膽，就不該一直待在舒適圈。

切記：信心出自經驗本身，並不需要在嘗試新事物或冒職涯風險之前先準備好。正如我最愛的作家及演講者埃絲特・沛瑞爾（Esther Perel）所說：「信心是知道自己有缺點的同時仍自珍自重的能力。」

既然知道在新環境裡感到尷尬是自然而正常的，該怎麼做才能不讓自己因此失去信心？以下是幾個建議：

❶以同情心重新看待自己。重塑自我對話能帶給你很大的進步。

別對自己說：「我不該為這種事這麼尷尬。」

試著這樣說：「在這種情況下，感到尷尬是正常的，可以理解。」

別對自己說：「感到不安代表我沒準備好。」

試著這樣說：「感到不安代表我正挑戰成長極限。祝我好運！」

別對自己說：「我徹底搞砸了，現在一團混亂。」

試著這樣說：「我犯了錯，但犯錯在所難免，但我學到一些東西。」

❷問自己：「還有沒有其他面向？」。平衡沒建設性的自我對話還有另一種方法：提醒自己這種情境或經驗還有別的面向。舉例來說，如果心裡有聲音告訴你：「我不該為這種事這麼尷尬。」你可以刻意增添事實以創造平衡，例如：「我以前也講錯話過，但解決了，事業沒受影響。這次也可以解決的。」

人時常傾向把焦點完全放在錯誤，增添別的事實有助於抵銷這種傾向。

❸做些小嘗試，但容許怯場。我們已經知道自信是尷尬行為的副產品，也要知道人可能怯場。演講時我經常遇到一種狀況，我問聽眾「誰在工作上出過糗？」之類的問題，請大家舉手。有的人會毫不猶豫舉手，也有人會先微微舉手，左顧右盼一番，只要有一丁點感覺到別人的視線，就馬上把手放下。不是每個人都能以同樣的速度迎向尷尬。如果在大會議廳裡舉手對你來說太難，不妨先跨出一小步，嘗試在熟人聚會的場合舉手。給自己一些寬容，允許自己偶爾怯場，但要持續敦促自己不斷邁出一小步。只要你一再嘗試，走三步退兩步也無所謂。一直試就對了。

❹時時調整你對自信的期待。建立自信和經歷尷尬一定是同時並行的。現在提到《哈芬登郵報》（*HuffPost*）共同創辦人雅莉安娜·哈芬登，大家都會說她是成功的女企業家兼暢銷作家，但她並非一路走來始終相信自己的能

力。事實上，她以前很怕公開演講，曾經因為擔心出糗而婉拒會議演講機會。但害怕歸害怕，她知道如果希望事業成功，公開演講是必須發展的重要技能，所以她開始練習在小型活動上致詞，漸漸讓自己適應更大的場面。為了在舞台上更有自信，她甚至去上了表演課。

你或許會想，經過這麼多歷練之後，她現在對人群講話一定從容自若，對吧？其實不是如此。哈芬登坦言她現在在演講之前仍會緊張，但她已學會擁抱尷尬的感覺，懂得用尷尬為自己加分。她在《從容的力量》（*Thrive*）裡寫道：「對現在的我來說，忐忑不安不再代表我該逃避即將要做的事，而代表我完全活在當下，全心投入，活得精采。」

她採取行動的方式和其他人別無不同：一次一步，日日不懈。別拿自己的內在和別人的外在比較。我們都在尋找屬於自己的、獨一無二的路。

❺命名它，馴服它。我認識最有自信的人都把一件事做得很好：當他們感到尷尬，就講出來。光是在開始對話前加一句「談這件事真令我尷尬，但

還是談看看吧」或「唉，這好尷尬！」，就能立刻消除對話各方的尷尬感。在情緒出現當下命名它需要練習，但能帶來驚人改變。察覺自我懷疑、命名它、重塑它能解開它的束縛，讓你再次前進。你執著自我懷疑越久，自我懷疑就控制你越久。

你一定會驚訝地發現，承認自己的感受能促使別人承認自己也有同樣的感受（就這樣「碰」地一聲——你們之間立刻形成連結，這也鼓勵他們支持你度過這種感受）。人類在這方面真的很不錯。

不怕與眾不同

在紙上哪一種看起來比較「乾淨俐落」，是一條用尺畫的直線，還是一束九彎十八拐的線條？

用眼睛看一定會說是前者，但我見過各行各業的傑出領導者，沒有一個希望自己的職涯是一條直線，一個也沒有。在訪問各界成功領袖的過程中，我最常聽見的主題之一是：在別人走康莊大道的時候，他們隨時準備披荊斬棘，自己開路。他們更可能刻意選擇雜亂、崎嶇的路——比較沒人走的路，而不是其他人已經為他們鋪好的路。

既然如此，越過這章談到的三道心理障礙為什麼還是那麼難？

因為人人走大路你卻不走可能有風險。同樣的領導者可能前一秒熱烈鼓勵「勇於不同」、「爭取表現」、「勇敢冒險」、「不要人云亦云」，下一秒又暗示團隊絕不允許失敗、提異議、不聽命行事。他們既訓斥團隊怯於冒險，又嚴責選擇冒險但失敗的人。

這些領導者動機是好的。他們絕頂聰明，經驗豐富，只可惜沒看見勇敢和尷尬是人生賽場上形影不離的姊妹。當領導者毫不容許混亂的嘗試、微小的錯誤或不完美，沒有人會樂於或敢於嘗試新做法或表達意見。勇敢和尷尬就像香草冰淇淋和巧克力醬，你不能只要一個不要另一個。

喜歡感到尷尬或看起來一團糟的人不多，可是在我的教練課上，我總是提醒客戶：不要將冒險引起的尷尬或不自在誤以為是出錯的訊號。出現不確定感或波折未必表示有什麼不對勁，相反地，這種訊號常常代表我們正走向對自己有意義的方向，即將發現真正可貴的東西。

你追求的目標越重要、對你的意義越大，你越該做好面對尷尬的心理準備。如果你冒險犯難時感到零尷尬、卻百分之百自信，那麼你的目標不是 (a) 不算太大，就是 (b) 對你來說沒那麼重要——這樣沒什麼不好，我只想說調整你的預期很重要。感到尷尬代表你正在冒險，而我喜歡你冒險的模樣。

Chapter 5 可是，別人會怎麼想？

「她好讓人尷尬。」

「是嗎？也許她很有趣？自由奔放？或者只是享受一切？像熱天裡沖涼，像爽脆的第一口。神清氣爽。也許你其實想說：為什麼我無法不理會陌生人怎麼看我？我多麼希望能把羞愧換成天真。肆無忌憚地放聲大笑。瘋狂貼文分享喜愛的事物。為了好玩戴上滑稽的帽子。讓別人尷尬多麼美好！」

克洛依．葛蕾絲．洛
Chloe Grace Laws

二〇〇五年夏末，我成了獵人頭的——不是忙著幹掉政敵的那種，而是人力資源那種。我成了人形職涯約會應用程式，但不是作媒，而是幫求職者和他們的夢想公司媒合夢想工作，從《財富》五百大到新創公司都有。同樣的主題一而再、再而三出現：

「如果職業生涯能夠重來，我會更願意冒險。」

「我會少默默妥協，多據理力爭。」

「我會更勇敢一點，少擔心後果一點。」

求職者有這些感觸其實很合理，畢竟研究結果清楚顯示：就職涯發展而言，冒險越多的人升遷越高、加薪越快，更有機會加入他們夢想中的高知名度大型計畫，也更能掌握自己的職涯，而非被職涯掌握。

理論上我們都該冒專業風險，對吧？我們明明知道冒險可以改變未來的整個人生軌道，究竟、到底、為什麼到頭來還是選擇打退堂鼓？

因為大多數人很難從心裡期待走向實際執行。因為我們知道風險越大，關注的人就越多，而我們一敗塗地、捅出超大漏子、讓自己尷尬得沒臉見人的可能性也越高。

在這種備受關注的時刻，我們往往鑽入自我認同間隙，任各種想像在腦海中群魔亂舞。我們開始把對話和影像塞進間隙，其中一邊是我們理想中的自己（「聰明……能幹……閱歷豐富」），另一邊是我們認為別人看見的我（「她根本不知道自己在幹什麼。簡直是騙子！誰覺得她夠格升職的？」）。

不知不覺被社會潛移默化多年之後，我們開始發現自己停在間隙的一頭。

在間隙這頭，我們打從心底相

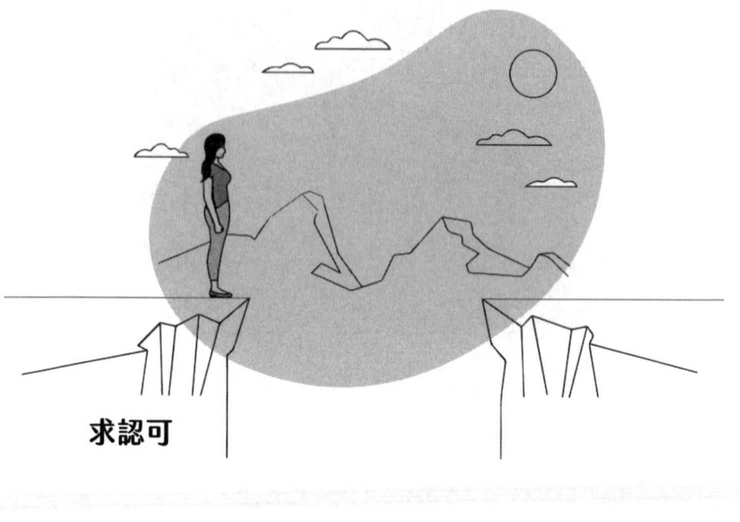

信別人一直盯著我們看，等著我們出錯。我們把心力全都放在留意別人怎麼看待我們——還有怎麼保住目前的戰果（「亨娜！別人是因為你貼文寫得不錯，才覺得你也能當作家，要是他們讀過這本書之後覺得你很爛怎麼辦？」）。

在這頭，我們卡在求認可心態（approval mindset）裡動彈不得。

求認可心態能解釋為什麼我們許多人（在內心深處）仍是討好者。我們追逐外在肯定，極在意其他人（上司、同事、部屬等）怎麼看待自己，對越是威脅我們自我認同的事越是逃避。因此，了解我們為何卡在求認可心態和如何解套，對擁抱尷尬非常重要。

請喜歡我！

自我意識是最終極的尷尬感，通常從小孩子八歲左右開始活躍。有趣的是，類似的社會行為模式也會出現在人生其他轉折時刻。不論是上大學、開始就業或是剛升上主管，人在開始「新」階段時都會出現類似的人格特質特徵——變得有點自我耽溺（self-absorbed），不論我們有沒有察覺。

這完全正常，也是意料中事。剛進入職場時，我們輕輕掙脫父母的羽翼、大學時的期待或過去的工作環境，第一次開始思索自己想從工作中得到什麼。雖然眼前是一片機會之海（頭銜、產業、文化、公司規模等），令人興奮，但也有點可怕。有時候最簡單的解方是把焦點全都放在自己身上，不去看自己之外的廣大世界。

即使「第一次」的前幾週新鮮有趣，我們還是很快會發現過去的安全網不見了。離開過去的社群、家庭、學校固然刺激，但也非常寂寞。由於同儕在同一段時間差不多都在想一件事，所以在我們開始感到失落時，也不知向誰求助。

在這種時候，我們會特別渴求社會的認可和接納。每一個人無不從小構築和鞏固自我意識，而其中一部分的原料正是別人對我們行為和選擇的反應。所以到了職涯轉折期，我們會把別人怎麼想看得非常重，從上司、同儕得到的回應更是重中之重。在萌生不確定感的當口，即使是新上司的一丁點讚美，感覺都像吃角子老虎拉出三個七。但相反地，哪怕別人是出於好意給你有建設性的建議，感覺都像在閨蜜婚禮上絆到高跟鞋，一頭栽進蛋糕，攝影師一驚之下還不小心將畫面投到大螢幕上。

如果戴上我在序言裡提過的那頂高科技讀心頭盔，把我們的想法列印出來，上面的文字八成是：「我不想繼續被當成菜鳥。我希望他們認為我很聰明。只要能討人喜歡，要我做什麼都可以。」我們會戴上鮮紅色的領帶，或是穿上三吋高的高跟鞋，只因為某「大人物」說過這樣能展現自信；我們會在開會時煞有其事地鬼扯「數據化」、「協同效應」等等，因為開會時別人也這樣做。

如果我們做這些事是因為喜歡，也不覺得矯情，那好，沒問題。然而實情經常不是如此。我們之所以做這些事，往往只是想獲得一句認可，彷彿那就是天下第一令人垂涎的獎品。

別人都在看我？

在職涯轉折期，你不但會更在乎別人對你講了什麼，也會更在意他們見到的是什麼樣的你。在那種時候，我們會變得比平常更敏感，有如置身顯微鏡下。

LiveIntent人資長艾比．漢彌爾頓（Abby Hamilton）對我講過，她在藥廠負責招聘工作時遇過一件事，從此頓悟別人並不像我們以為的那樣留意我們。「我們那時請一位應徵者飛過來，所以我得去火車站接她。」她回憶道：「那是她最後一輪面試，準備和區經理見面。那天雨下個沒完，我帶她走回辦公大樓的路上鞋都濕了，而且我穿的是高跟鞋，抓地力不好。開門時我滑了一大跤，整個人跌在地上那種一大——跤。」

我忍不住嘴角抽搐，因為我也發生過這種事。在德拉瓦大學讀書時，我有一次因為地面潮濕滑了一跤。當時是下課休息時間，我屁股著地，課本全飛出去，身邊有幾百個人親眼見證，而經濟學原理課堂上那個滑板帥哥離我不到三呎遠。想到那時的情景仍令我微微一顫。

「那時候你怎麼辦？」我問。

「我倒在地上，抬眼看她。她睜大眼睛也看著我，問了一句：『這是在考我嗎？』」

我噗嗤一聲笑了出來。艾比摔得人仰馬翻，四腳朝天，顯然糗得要命。

可是就在她為這狼狽的一跤尷尬不已的時候，那個應徵者擔心的是她自己。她是真心疑惑這是不是面試刻意安排的一場戲。

這名應徵者的自我意識怎麼可能高到這種程度，在重點顯然是趕快扶另一個人起來的時候，她只想著搞不好有人正在觀察自己打分數？

湯瑪斯・吉洛維奇（Thomas Gilovich）主持的康乃爾大學研究團隊稱這種認知偏誤為「聚光燈效應」（spotlight effect）。我們傾向高估別人注意我們言行舉止的程度。

在研究過程中，研究人員找了好幾組學生到同一個房間，請他們完成一件和這份研究本身無關的任務，但隨機指派其中一名學生穿上令人尷尬的T恤（為了讓你比較好想像，那件T恤上印的是巴瑞・曼尼洛〔Barry Manilow〕。因為研究人員事前認為大學生覺得這種T恤非常令人尷尬）。

接著，研究人員請這些穿尷尬T恤的學生完成真正的任務：請他們評估房間裡有多少人注意到T恤上的圖案。據這群莫名其妙變成「粉尼洛」（Fanilows）（真希望這個詞是我創的）的學生估計，房間裡大約有50%的人注意到他們穿的T恤。但實際上，房間裡只有25%的人發現那是巴瑞・曼尼洛T恤。

在第二個研究裡，研究人員讓學生挑三件「不令人尷尬」的T恤（分別是巴布・馬利〔Bob Marley〕、傑瑞・史菲德〔Jerry Seinfeld〕和小馬丁・路德・金恩〔MLK Jr〕）。結果，穿T恤的學生再次認為有50%的人發現也記得他

■ 你以為他們這麼注意你　■ 其實他們只有這麼注意你

們穿的T恤，但實際上，這次只有不到10％的人記住他們穿什麼T恤。不到10％！

同樣地，在我們情緒強烈的時候，也會誤以為別人一定能從我們的臉上看出情緒。雖然有時的確如此，但大多數時候並不是。心理學家稱這種現象為「透明錯覺」（the illusion of transparency）。第一次上台對你的團隊做簡報，你可能認為他們能看出你腹部緊繃、臉頰發燙、兩手打顫。你明顯感到尷尬，所以你以為別人一定看得出來。但通常不是如此。

研究也已經發現：別人就算知道你犯錯，他們對你的評價也很少像你以為的那麼嚴苛。

這些研究結果不言而喻：大多數人根本不鳥你看起來如何或做了什麼事。〈萬眾矚目〉（*All Eyez on Me*）是饒舌歌手圖帕克（Tupac）的現象級專輯，但不是你的真實世界。其實誰也不是別人關注的第一要務。每個人更在意都是自己，還有我們是否認可他們。

求認可困境

人是群居的社會性動物。對大多數人來說，別人怎麼看待自己確實重要，只有輕重之別。如果有人能對我們說：「別管別人怎麼想！」然後——啪！我們就不在乎了，一定很棒。但除非你永遠單打獨鬥，不必顧慮團隊、客戶或第三方，否則這樣行不通。

大多數工作場合都需要考慮別人。我們不想成為只為別人認可而苦幹的人，但都想成為既有個性又能團隊合作的專業人士。

這是最終極、最棘手的兩難困境。他們告訴我們：

「別怕尷尬！與眾不同很好！我們要你獨立思考，有主見，不斷自我提升，帶來新的觀念和新的視角，挑戰現狀，淘汰過時的思維！」

但他們也說：

「請遵守我們行之有年的企業規範，尊重我們的公司文化，服從我們的既定政策（不論有沒有明文公布），敬重你的上司（不論他們值不值得敬重），永遠配合團隊的需要。」

呃……現在是？

用理論調和這種矛盾似乎不難，但實際應對是另一回事。

由於沒有更好的辦法，我們只好使出幾種手段姑且一試，希望能鼓起勇氣去冒自己非常想冒的險——但還是不能賠上別人的認可：

- 為了讓自己感覺比實際上更強大，我們擺出社會心理學家艾美．柯蒂（Amy Cuddy）推廣的權力姿勢（power pose）（據說這類肢體動作能傳達權力、自信、主導性），或其他身體姿勢。
- 當嘗試不如預期，我們設法從失敗中復原，或堅強以對。
- 沒有自信的時候，我們想辦法召喚自信。因為有人說：「裝久了就成真了。」（不過，我們已經看到這招不管用。）

這些招式我們試了又試，也許其中某招有一次有效，但不知何故，下一次面臨重大挑戰（或是必須放下對失敗的恐懼），我們還是覺得一樣困難。為什麼會這樣？

因為我們還沒解決迎接冒險的根本問題。追求認可的欲望在我們腿上銬上腳鐐、嘴上貼上膠布，不先徹底解開它的束縛，什麼招式也使不上力。

不再盲目追求認可

我從小時候就開始追求認可。

「亨娜，我們做的一切都是為了你和妹妹。我們辛苦工作好讓你們上大學，希望你們將來找份好工作，生活安穩，事業成功。」

我和爸媽很親。從小到大，這些話我不曉得聽他們講了多少次。他們移民來美國時身無長物，所做的一切都是為了讓我們姊妹過上好日子。我不希望他們的努力白費，他們的認可對我意義重大。

因此，即使我明知我的第一份工作並不適合我，但因為那家公司是「聲譽崇隆」的四大會計師事務所之一，我爸媽十分為我自豪，所以我還是在那裡待了將近三年。那段時間雖然也有別的機會上門，但我沒有答應。相反地，我容許自己繼續被忽視、被壓榨，也繼續錯過更好的機會。雖然我打從心底知道自己能輕鬆勝任別的工作，也看到離職的朋友為再也不必在旺季加班歡天喜地，我還是沒有離開。

我和他們不一樣。我寧願咬牙苦撐，繼續做自己了解、熟悉、但厭惡的工作，也不想讓我最愛的人失望。

但有一天，在連續好幾個月嚴重的週日收假恐慌之後，我拿出筆和日記，逼自己回答縈繞於心已久的問題：「我到底想讓自己失望到什麼地步？」等到我的答案出現在紙上，不太有禮貌地瞪著我，我寫了一張行動計畫，告訴自己這些策略雖然不見得高明，但至少能打破僵局。此後我換了兩次職涯跑道，新的角色契合我原本的樣子，讓我能好好發揮天賦，在事業上得到成功和無比的滿足。有時我真的好奇：如果當初我沒有勇氣放下自己對父母認可的需求，跌跌撞撞踏出第一步，現在的人生又是什麼光景？

十四年人資生涯中，我見過許多渴望改變的專業人士，一個個摩拳擦掌，準備大刀闊斧開拓新的職涯——和我當年終於下定決心時一模一樣——卻突然叫停。總是如此。

摩根（Morgan）是一位極為優秀的稅務經理，職業生涯只能用平步青雲形容，不斷受到提拔，職位一次比一次高。她原本已經準備接下新公司的夢想工作，只差正式簽約。可是在最後一刻，她改變了心意。

為什麼？因為她擔心向老闆報告時場面尷尬。這些年來她努力不懈，好不容易在老闆心中建立做事可靠、表現傑出的聲譽，摩根不想失去他的青睞。想到老闆可能對她的決定不以為然，她就覺得渾身不對勁。

必須承認尷尬是盡忠職守的英勇士兵，總是全力保護我們不致失去平衡，所以它不斷大聲提醒：「小心！前方危險，有人盯著你看。」

但我們不能無視一個事實：展現勇氣一定有失去平衡的時候。在需要鼓起勇氣時，我們不應期待還能感覺安穩。尷尬的感受和求認可的需求經常變成過度保護，要我們噤口不言而非勇敢發聲，要我們默默忍耐，不要離開已經失去熱情的工作。有這樣一個忠心耿耿的保護者，難怪有時保持穩定感覺比勇敢容易。

摩根這樣的求職者之所以一再裹足不前，正是因為尷尬。有些改變明明能改善環境、增加收入、縮短通勤、提高他們在組織中的地位，但因為尷尬，他們不願冒險。這樣的事每天都在發生，我看了深感難過。

但必須說明的是，逃避一定有原因。許多人只要受到認可就能升職、加薪、得到許多「讚」。此外，求認可心態並不完全是壞的。事實上，這樣做有助於我們培養幾個很實用的技能：

- 為自己的心願設下高標準（即使我們的心願是得到上司稱讚或讓客戶開心，還是會設下高標準）。
- 養成以行動達成目標的習慣。雖然我正在改進，但我一直對自己要求過高，只要別人給我目標，我一定立刻行動，絕不讓他們失望。我不只會達成目標，還會超越目標。什麼挑戰我都接受。
- 在達成目標的過程中，我們會調整和改變自己的行為。為了得到新長官賞識或避免在開會時製造風波，我們會逼自己適應新的行為方式。為了得到工作，我們會在面試時改變自己。

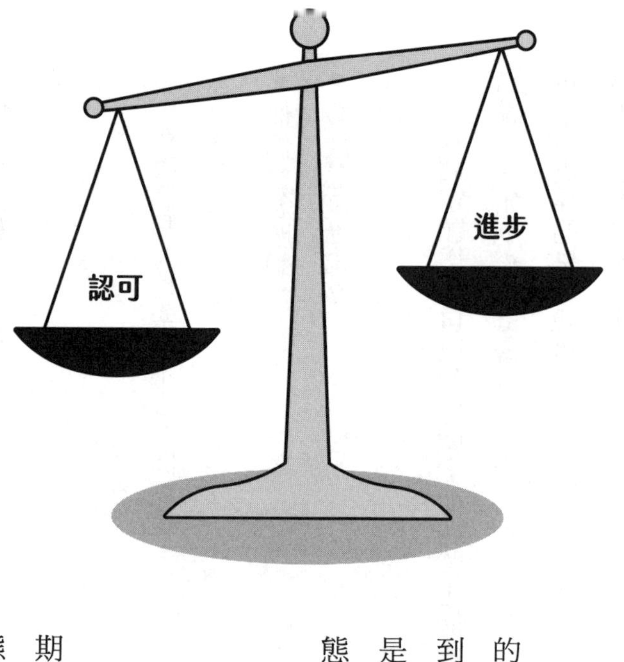

也許你做過其中幾項。

如果你做過，我和你是一國的。每次你這樣做，最後都能得到一杯熱呼呼的認可。可是你不是傀儡。即使你屬於求認可心態，掌控權還是在你手上。

設定標準的**是你**。

採取行動的**是你**。

調整作風的還**是你**。

求認可是你決定要為別人的期待做出改變。只要抱持這種心態，你最重大、最強烈的目標就不是出於自己。

對許多人來說，為別人鼓起勇氣比較容易。為自己拿出勇氣很難，即使你明知道這樣做能讓自己過得更好，卻容許自己尋求別人的認可甚於自己的進步。

在我們腦海裡縈繞不去的問題是：

- 他們會怎麼回應？
- 他們會怎麼想？
- 我該怎麼準備？

我們寧願增加自己的焦慮，而非強化能建立自信的心理肌肉。我們對自己說：「如果我不逼自己嘗試、冒險、鼓起勇氣，就不必擔心他們認不認可——更棒的是，我也不必承認自己可能失敗！這樣一來既不會失去別人的認可，也不會失去任何東西。」

難怪我們老是打退堂鼓。我們太在意別人怎麼看待自己，也太在意如何保住已有的收穫，以致我們不求進步、不求提升、不求勝利，只求不要失敗。於是我們堅定留在自我認同間隙求認可的那頭，不冒險代表打安全牌、隨聲附和、不製造風波。待在這頭比較輕鬆，溫暖、安穩又熟悉。

雖然這也沒錯，但當你選擇待在間隙的這頭，逃避所有尷尬，你永遠沒有機會讓自己進步：去表達看法，去爭取權益，去協商或嘗試新事物，去做那些長期而言恰恰能降低風險的事。不斷迎向尷尬能帶給你回報，能讓你避免最大的危險——白白留著潛力不用。

躍過尷尬峽谷

當初學者有個好處。舉例來說，如果你剛開始健身，你的教練一定會告訴你起點越低，收穫越大——最弱的部分進步最多。健身的進步不是直線，而是對數曲線，勤於接受指導的初學階段成長神速。不過，努力堅持訓練計畫的人多半也有另一種經驗：只要進步到中等程度，似乎都會遇上訓練高原期。

同樣的經驗在職場上也看得到。剛開始一份工作時，保持開放和得到重大收穫感覺不難。第一次嘗試新東西時（比方說學新軟體或工作上的營運模式），感覺往往非常不賴。我們的職涯生活穩定向上，我們進入超級樂於接受、超級實力增長模式。一切全是新的，我們瘋了似地學習，也犯下一些錯，但沒什麼大不了的。整體來說感覺挺有趣。

但持續一段時間後，我們開始感到一點難度。「這種任務我以前沒做過。」雖然我們還是試著在工作上冒險，但代價突然變得有點高（常常和績效指標、成功指標、業務成果、職位有關）。在我們跌跌撞撞學著駕馭職場腳踏車時，背後沒人為我們扶著後座，也沒有一雙關愛的臂膀隨時準備接住我們。更糟的是別人還盯著我們看，等著瞧我們下一步會怎麼做。

我懂這種感覺。一夕之間，好像每個人都在評價你的一舉一動。這是我第一次寫書……讀者朋友啊，我從你們開始讀第一頁時就有這種感覺（多謝各位如此和善）。當我舉起我麵條粗的手臂擺出權力姿勢，卻還是覺得自己沒有進步，我知道那有多令人挫折。

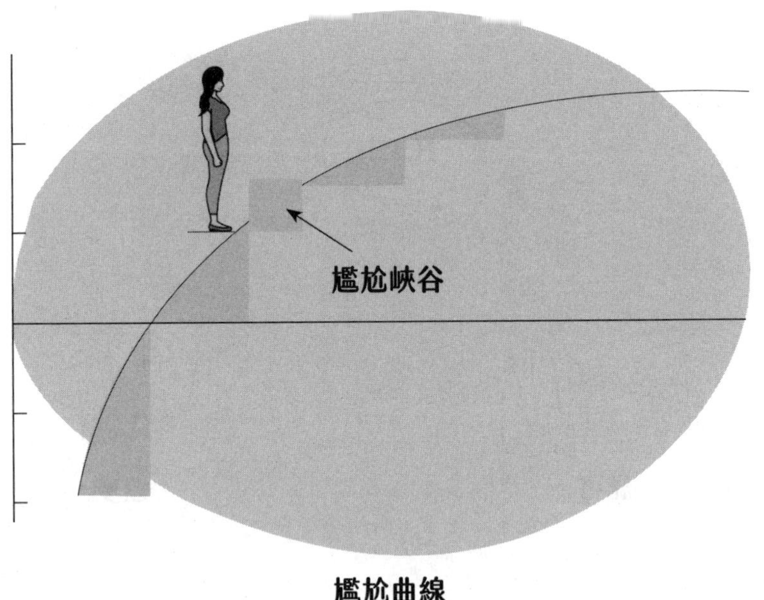

尷尬曲線

出版這本書卻不曉得你們接不接受令我渾身不自在。但如果我因為擔心讀者反應不佳，就沒有寫下這本對我而言意義非凡的書，我會覺得更不自在。兩種選擇都有風險，只不過其中一種的風險是失去認可，另外一種的風險是失去自我認同——關於我是什麼樣的人，還有我想成為什麼樣的人。

我願意承擔哪種風險？你又願意承擔哪種風險？尷尬是我們面臨抉擇的感覺，

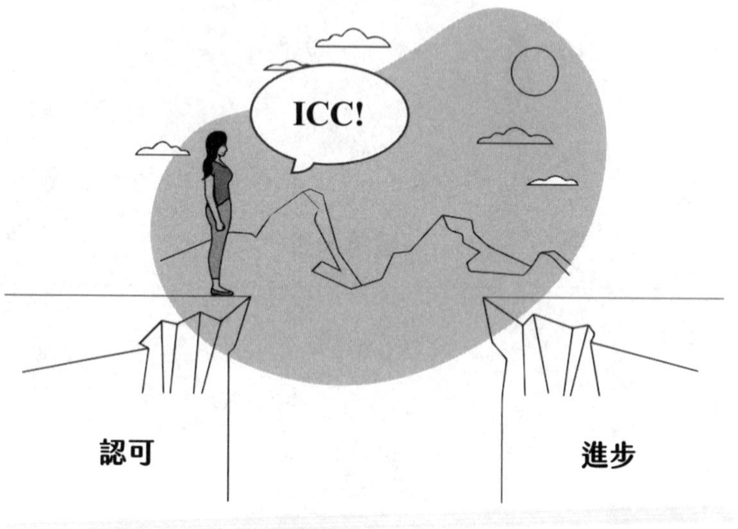

讓我們看見自己正站在尷尬峽谷的一頭。尷尬峽谷是更令人煩躁不安的放大版自我認同間隙，在不穩定感幾乎讓我們失去平衡的重大轉變時刻，我們總會遇上尷尬峽谷。

站在峽谷邊緣，你會碰上我所說的「ICC時刻」（ICC Moments）：在你眉頭緊皺、臉部抽搐、只想大喊「ICC！」[5]的時候，請提醒自己尷尬之後就是進步（improvement comes after cringe）。

在這種時刻，如果對你而言自我提升（就是自我認同啦！）比別人的認可重要，那麼，我親愛的讀者，是時候放膽一跳了。

如果想到跳躍令你大腿隱隱作痛，可以理解，畢竟你到目前為止沒有跳過多少次，鍛鍊太少使用的肌肉可能很疼，第二天的痠痛不是鬧著玩的——不論身體或心理上都是。也許你決定跳過去不適合你，因為你對現在的工作和生活很滿意。你或許在想：「嗯，亨娜，我打算就這樣做到退休。我覺得這樣沒什麼不好。」如果你這樣想，很棒！我完全尊重。

的確，保持求認可心態還是能為你的職涯、生意、生活帶來一定成果。但如果你知道自己的潛力不只如此，想不想猜猜更了不起的是什麼？是求進步心態：當你決定為自己的期待而改變，當你最重大、最強烈的目標來自你自己，當你的內在動機和內在目標（對你而言重要的目標）是一致的。求進

5 譯注：ICC 音同 ick，後者是美式感嘆詞，兼有震驚、厭惡之意，類似「矮額」。

步心態能幫助你擁抱最尷尬的情境，躍過尷尬峽谷，抵達能讓你達成最高成就的另一頭。

而且我有好消息要告訴你！你過去以求認可心態培養的技能，現在能幫助你到達你想去的地方。

抱持求進步心態時：

- 你還是為自己設定目標。
- 你還是為目標採取行動。
- 你還是會調整作風。

那麼，怎麼讓自己不斷躍過尷尬峽谷，而不卻步不前？

如何躍過尷尬峽谷

如果你期許自己能不斷躍過尷尬峽谷，首先要做的是管理自己的求認可傾向。除非你太在意別人怎麼想，否則沒有人有辦法阻止你跳躍。因此，不令人意外的是：所有反駁這種傾向的最佳策略，都和灌輸自己健全的觀點有關。當你發現自己開始在意別人的認可，請採取以下步驟調整觀點：

❶**嚴防主角病。**主角病是把自己當成人生劇本裡多面向的複雜主角，其他人都是單面向的配角。他們的存在只是為了挑戰我們、讓我們尷尬，令我們艱辛，他們不可能有自己的問題要處理。比方說那個開會時老是嘲笑你的點子的傢伙，他顯然只是想讓你下不了台。除此之外哪有別的可能？

真相是：我們都是別人人生故事裡的配角。令我們感到尷尬或難堪的人也是複雜的人，他們也有自己的情緒要處理。光是承認這個事實，就能阻止尷尬感放大。你的缺點不像你以為的那樣舉世皆知。不妨經常提醒自己愛蓮娜・羅斯福（Eleanor Roosevelt）的著名建議：「如果你知道別人其實很少想到你，你一定不會太煩惱他們怎麼看你。」

❷確認你的預期是否符合事實。我們之所以預期別人應該會認可自己的某些表現，是受到社會敘事影響，我們也會把這些敘事內化成自己的「應然」。人的外在敘事往往強調自己「活得精采」。社群媒體上更是如此，大家經常略過為了「活得精采」而經歷的尷尬、錯誤、手忙腳亂，直接讓你看見完美成果。老實說，這毫無意義。

大腦渴求確定感和掌控權。由於我們不知道別人「活得精采」的底細，我們以他們的外在敘事為模範，建立自己的社會預期。達成預期的感覺固然很棒，可是一旦達不到預期，我們的社會警報將震天價響。舉例來說，由於社會對「淑女」應該如何表現已有特定期待，所以我有一次和幾個不算熟的同事去高級餐廳用餐，我有意無意覺得自己應該表現得像個淑女。誰知道其中有個客人講的笑話太好笑，讓我笑到忍不住噴水。請想想我當時多麼驚愕。

如果在場的都是死黨，這沒什麼大不了的。但那時的我根本不知道他們會作何反應，丟臉到想挖個洞鑽進去。

當我們預期事情會朝某個方向發展，甚至十分篤定一定如此，結果實際進行全亂了套——這種時候當然覺得無地自容。

確認事實：我就是這樣的人。至於那些關於「淑女」的社會敘事？它們既過時又陳腐。剛好，那一桌的客人覺得我的表現炒熱了氣氛。

最好能儘早也經常確認你的預期是否符合事實，同時想清楚你想成為什麼樣的人，以便隨時調整。

❸抓住你的思考怪獸。大腦雖然能高速進行社會思考，但神經學家已經發現這類思考並不完美。我們對社會預期的顧慮有時太少，有時又太多。一個人越是認同自己的社會角色，越是容易成為自身思考怪獸的犧牲品——心理學家稱這些思考怪獸為認知扭曲。它們是先天預設的心理反應，容易讓我們的思考出錯。

和認可及逃避尷尬最有關係的思考怪獸是控制謬誤：我們以為自己該為別人的感受負責，於是開始討好別人。

請跟我說：討好別人不是愛，是恐懼。

討好別人是恐懼被社會排擠，恐懼沒有歸屬，恐懼被人認為無能、脆弱或焦慮，恐懼讓人完全看見真實的自己。這種怪獸到處都有，但職場特別多，隨時暗中作祟，扼殺表現。

人有這種恐懼是可以理解的。因為我們曾經住在洞穴，要是別人不接納或不喜歡我們，我們就無法生存。沒有部落的保護就躲不過長毛象，更逃不過從天而降的長矛。但請仔細聽好：現在的世界已經不是如此。

選擇討好別人，就沒有機會以學習成長的心態擁抱自己的缺點。面對生活中無可避免的尷尬，我們可以建立個人行動指南心態（Personal Playbook mentality）：為自己訂立一套應對社交場合的規則，訂立之後，要求自己在各種情境下努力遵守。

沒有個人行動指南心態，我們很容易變成這樣：

- 你舉手提出新建議，反應不錯，你認為只是時機正巧或上司正好心情不錯。
- 你舉手提出新建議，遭到激烈批評，你認為全是你的錯，因為你顯然是個笨口拙舌的闖禍精，以後最好別再當著大家的面發言。

聽起來滿瘋狂的，對吧？但我們很多人都是如此。花點時間制訂你的個人行動指南，為自己立下規則，越明確越好。如果你要求自己為錯誤負責，就也該要求自己為成功負責。訂立一套規則。雖然求認可心態常召來思考怪獸，但光是這項改變就能幫助你削弱它們的力量。

處理好求認可傾向之後，下一步是為跳躍做好準備。準備方式無他：好好鍛鍊你目前似乎很弱的肌肉——尷尬忍受度。

《原子習慣》（*Atomic Habits*）的作者詹姆斯・克利爾（James Clear）說得好：

強大的結合＝厭惡自己表現不佳＋願意像個初學者

厭惡自己表現不佳才有追求進步的動機，但如果不願偶爾像個笨手笨腳的初學者，很容易逃避新挑戰，最後還是難以脫胎換骨。另一方面，願意嘗試新事物卻對進步興趣缺缺，到頭來只會滿足於普普通通的成果。這兩種人都無法完全發揮潛能。想大幅提升表現，必須願意在短期內看起來笨拙——但不能太久。非凡成就出自不介意看起來笨拙。

神經學告訴我們：精進技能的唯一辦法是實際動手，得到回饋，然後依據學到的東西再做一次。我們知道：如果有心培養特定能力，就必須在大腦中為它創造新的神經路徑，才有機會學習和改進。

創造神經路徑唯一的辦法是什麼呢？是在尷尬中攪得自己一身狼狽！去犯錯，弄得自己灰頭土臉，一路上覺得自己有點犯蠢，但這樣能為經驗添上一道又一道薄層，像身體肌肉纖維一樣。如果你排斥這樣做，最終你只是不斷重複已經知道怎麼做的事。如果《歡樂單身派對》（*Seinfeld*）的湯納粹（Soup

Nazi）在這裡，他一定會說：「沒有新神經路徑給你！」

所以，你平時就必須練習尷尬，在最有改變空間的地方刻意尋求不自在，有策略地為自己製造小壓力。和健身一樣，練習尷尬並不容易，但至關重要。重要到值得獨立成第三部分。

穿上你最愛的腿套，戴上你的螢光運動頭帶——去思考健身房的時候到了。

迎接挑戰就像騎馬。如果你做的時候覺得舒暢，那你恐怕做錯了。

泰德・拉索
Ted Lasso

Part

3

如何運用良性尷尬

Chapter 6

擁抱 SUCK

Chapter 7

呃，這好尷尬！

Chapter 8

以即興技巧將良性尷尬帶進團隊

擁抱 SUCK

康納・歐布萊恩
@ConanOBrien

我將再起，猶如絆到延長線的鳳凰，傷到肩膀，但仍尷尬站起。

下午 3：29・2021 年 11 月 28 日

我的客戶雅拉娜（Alana）來找我時，面臨職涯的交叉口。她知道自己聰明能幹，但因為缺乏自信，又老是無法在重要關頭勇敢一搏，一直沒辦法充分發揮潛力。

我們一起為她的職涯擬出幾個新原則，她頗

欣賞的一個出自創業家兼作者瑪莉・佛萊奧（Marie Forleo）：「從小麻煩事開始打破停滯。」

雅拉娜天性羞怯，但她的兩個兄弟姐妹都很外向爽朗，所以她成了爸媽口中「安靜內向的那個」。社交場合經常令她不知所措，所以她總是盡可能避免認識新朋友或在團體中發言，唯恐感到尷尬或被別人說閒話。可是獲得第一份工作之後，她發現機會總是屬於不吝展現自己和冒險的人。但雅拉娜偏偏不是這樣的人。

眼看團隊夥伴一個個加入威風的大型計畫，或是申請她自認資歷不足的升遷（雖然她的經驗明明一樣豐富），雅拉娜知道自己必須大刀闊斧調整心態，讓自己變得更勇敢也更有自信。她決心改變，而我那「做得尷尬還是要做」的咒語不知何故很對她的胃口。於是，在我的鼓勵和支持之下，她答應努力嘗試一些規模小、不自在、有時令人尷尬的行動。

雅拉娜的第一步是練習閒聊，向超市或地鐵一起排隊的陌生人搭話，問問他們今天過得如何，或是隨口評論幾句天氣。這樣做一開始對她並不容易，她太擔心打擾別人，但她很快發現大多數人都很友善，也很樂意和她聊上幾句。

獲得不錯的搭話經驗之後，我們升級成規模還是不大、但稍微更不自在的行動。雅拉娜開始在公司自願挑戰一些小任務，例如在會議中發言、上台做不算太重要的報告。她一開始很緊張，說話經常結巴，但她向主管坦言這是她想突破的成長關卡。隨著一次又一次練習，她在同事面前發言變得更有自信，態度也越來越自然。

這項練習的感覺越來越好之後，我們進入對雅拉娜來說最尷尬的事——公開演講，她說感覺和魚離開水沒什麼兩樣。怕公開演講的人很多，但「魚離開水」的比喻對雅拉娜有個人意義。她從小常和家人去河邊玩，見過魚離開生存環境的痛苦模樣，對她來說，在職場上公開演講就是那麼不自在和陌生。離開水的魚總激烈跳動、掙扎求生，雅拉娜覺得她站上講台的感覺和那條魚差不多，頓失所依，格格不入。

在我連番勸誘加上不斷保證一定會支持她之後，她終於同意報名公開演講課。我不想粉飾過程：這門課對她來說是震撼教育。把第一堂課寫進行事曆的時候，我看得出來她在發抖，也知道她正站在尷尬峽谷的邊緣。她一直害怕在一大群人面前講話，但先前的經驗告訴她「做得尷尬還是要做」必須拆解成較小的任務，逐次完成。她一步一步跟著課程進行，在同學面前演講，雖然犯錯，但她沒讓錯誤消磨志氣，反而重新把焦點放在自己表現不錯的地方，在每一次小進步中不斷成長。

在緩慢但穩健的腳步中，她逐漸找到立足點。雖然她帶著羞怯的笑容對我說，她大概永遠沒辦法建立優雅端莊的形象（我也不行啊，小姐），但她很自豪能找到忠於本性的講話方式，現在經常在很多人面前為公司報告。她在公司的地位以及薪水——大幅提升。

雅拉娜只是少數成功扭轉作風的幸運兒嗎？並不是。她的策略經過用心設計，你也可以為自己設計一套。

和雅拉娜一樣訓練自己更適應尷尬，是躍過尷尬峽谷最有效的辦法。心理制約是訓練心智以特定方式回應特定情境的過程，以我朋友梅根．沃斯

（Meghan Walls）博士為例，她上個月開始練習回電郵給不熟的同事時結尾寫「再聊！」，而非「愛你喔！」。

這種習慣必須以重複和排練養成。嘗試做某件事一次不難，多多重複更能讓局面有所不同。結合小而刻意的行動，可以成就巨大的成果。

雖然我們顯然無法確切預料特定尷尬情境並預做準備，但可以在日常生活中刻意尋找不自在，不斷排練足夠類似的情境。只要我們願意去找，每一天都有訓練大腦的機會，例如在咖啡師把我叫成「海倫」時糾正對方；嘗試和超級聰明的財務長搭話，即使心裡尷尬不已；或是在明明要的是橄欖油、餐廳卻送來橄欖醬時禮貌提醒服務生。

我想在這裡先釐清心理制約和排練的關係：心理制約是訓練心智和預設反應的過程，排練則是重複任務或行為以改善表現的練習。在學習擁抱尷尬情境和意外摩擦的過程中，心理制約和排練雙管齊下，能幫助我們更有自信，不至於不知所措。心理制約有助於改變看待尷尬的視野和態度，排練能幫助我們練習應對尷尬情境的技巧和行為，對處理尷尬變得更熟練、也更有自信。

換個方式說，心理制約有助於培養成長心態，讓我們視尷尬為機會，而非必須消除的脆弱。如果你想更勇敢、更有自信、更不焦慮地面對尷尬情境，這種心態轉變非常重要。排練能幫助我們準備妥善處理這類情境的必要技巧和行為，進而更有機會做出精采表現。

為什麼排練和重複有用

想知道為什麼排練（rehearsal）和練習（practice）是建立尷尬忍受度的關鍵，必須先釐清兩者有什麼不同。排練是我們的安全空間，讓我們把優雅和篤定擺到一邊，容許自己灰頭土臉。排練讓你把球完全踢偏，讓你的孩子在廚房彈錯會令你尷尬的那幾個音符。排練是容許你答非所問的模擬面試；在排練簡報的時候，你不必擔心在說明困難的部分時結巴。

排練潛在尷尬情境就像把怪獸放出來，讓真相攤在陽光下。而我們必須切記目標是做好逢山開路的準備，而不是指望道路自己為我們鋪平。

在刻意練習小型尷尬場面時，我們逐漸加深大腦皺褶、強化神經肌肉，讓它們下次遇上尷尬時不必那麼吃力。而我們也學到重要的一課：我們心裡的怪獸其實是騙子。

有效的排練和練習不只能加強我們已經不錯的能力，更應把焦點放在我們能進步最多、也最快的特定領域。

也許你聽過精通一項技藝需要練習一萬個小時。如果我告訴你這種說法並不完全正確，你會覺得驚訝嗎？

目標是做好逢山開路的準備，而不是指望道路自己為我們鋪平。

一萬小時定律源於安德斯·艾瑞克森（Anders Ericsson）一九九三年主持的研究，在二〇〇〇年代初因為麥爾坎·葛拉威爾（Malcolm Gladwell）的推廣而廣為人知。但根據布魯克·麥可納馬拉（Brooke Macnamara）和大衛·漢布瑞克（David Hambrick）兩位教授近年的研究，這種說法其實過於簡化。

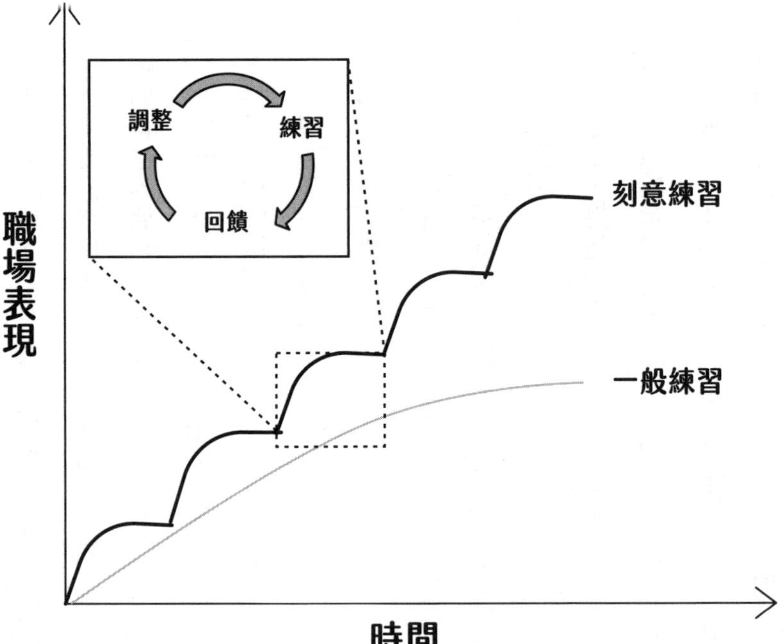

請問：如果你想改進你的面試技巧，是對著鏡子自問自答練習三小時效果較好，還是找能點出你的弱點、給你具體建議的職涯教練陪你練習三小時較好？我想答案非常明顯。這正是一萬小時定律的主要缺點：它只強調總共練習多少時間，而非練習重點何在，但不是每次練習對你的幫助都一樣大。

想訓練自己熟悉尷

尬情境，應該把精力用在心理學家說的「刻意練習」上。一般練習可能只是不斷重複而無所用心，刻意練習則必須全神貫注於具體目標——改善我們在感到有點笨拙的特定領域裡的表現。

那麼，該怎麼創造排練和練習機會，具體幫助自己面對尷尬？又該怎麼在日常生活中練習尷尬？

答案是刻意尋找 SUCK，但這裡的 SUCK 不是「爛事」，而是四件事第一個字母的縮寫：

S——小（Small）：從小事開始擁抱尷尬。

U——不舒服（Uncomfortable）：應付小事沒問題後，稍微提高難度，刻意尋找更大、更不舒服的練習機會。

C——尷尬峽谷（Cringe Chasm）：再次提高難度，尋找將自己帶到舒適圈邊緣的機會，趁自我改進和達成目標的心願夠強烈時躍過尷尬峽谷。

K——保持視野（Keep Perspective）：建立自我檢驗機制，在過程中隨時確認努力有用對地方，也隨時依自身情況調整「勇敢」的標準。

我們先來談談為什麼從小事開始比較好。

小

只要和排練與練習有關，最好都從小的任務開始挑戰。先找規模較小、影響較低的機會練習站在職場成長邊緣。如果你是職業橄欖球選手，我想你不會在超級盃上第一次嘗試新動作。從小事開始練習的道理也是一樣。用風險較低的情境鍛鍊肌肉。

潔美．威廉斯是費城（Philadelphia）一家數位體驗科技公司的老闆，她的團隊不時要和微軟的人開策略計畫線上會議。這種會議往往很大，動輒上百人參加。有一次，其中一名與會者沒關靜音就講出大家的心聲：「這種會無聊得讓人痛苦。」有人連忙提醒這可憐的傢伙關靜音，但為時已晚，全體一陣尷尬。

威廉斯說，雖然有一瞬間每一個人都不太自在，但大家很高興出現這段插曲。失言的人回來道歉，事後也沒造成負面後果（這充分反映了他的高情商和領導力）。畢竟，一個星期開那麼多次兩小時的會，大家的確都很痛苦。這句話事後傳到某個重要人物耳裡，讓他們重新思考這類會議的長度和頻率。

這件事尷尬嗎？當然。這件事是否在沒有傷害到任何人的情況下，帶來正面改變？確實如此（免責聲明：必須留意的是，這段插曲之所以有不錯的結局，主要是因為那位仁兄仍被大方接納為團隊的一員，而且他過去有累積足夠的社會「陰德值」——這個概念我們稍後會進一步談）。

雖然那句評論事出意外，但它發揮了正面效果，讓別的團隊成員更願意說出自己在組織裡的需求。我們其實不必坐等這類情境出現，小的尷尬機會不勝枚舉，我們還有許多方式主動尋求，加強自己的尷尬忍受度：

以「尷尬時間」開始會議。邀請大家說出自己的錯誤和不完美。一種形式是爛點子腦力激盪，故意請大家說出荒謬的主意；另一種形式是開會時請大家輪流講一件自己的糗事。研究發現這兩種做法都能帶出更多、更好的意見。

重拾角色扮演。角色扮演是商業書裡的萬年範例，但因為不少人覺得這樣做十分尷尬，許多團隊已棄而不用。然而，不和團隊成員練習，就代表你打算直接和重要客戶或股東練習。你真的想用他們當白老鼠嗎？如果不想，還是重拾角色扮演吧。

幫大腦做好準備。尋找小的不自在機會。我和丈夫伊恩（Ian）每天晚餐時會問小孩三個問題，第三題是特別設計來幫助他們熟悉尷尬的：

1. 你今天感覺最棒的是什麼事？
2. 今天你學到什麼新東西？
3. 今天有沒有什麼事讓你七上八下？

我的孩子們知道「七上八下」那題的意思是：你今天有沒有找機會站

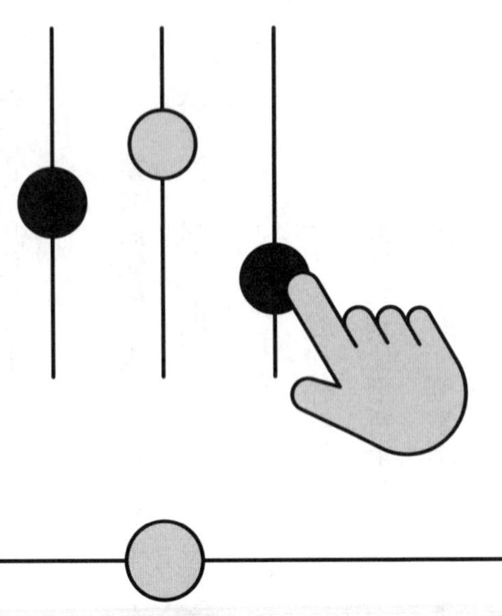

在尷尬峽谷邊緣？你今天有沒有「ICC時刻」？他們不是每天都得七上八下不可，但他們知道只要願意說出口，我和伊恩一定會大聲為他們喝采。幫你的大腦做好準備，讓它習慣在職場之外尋找七上八下時刻。這是鍛鍊心理肌肉的好辦法，能為你生活的其他面向帶來同樣的勇氣。

寫詩。我帶專業團隊工作坊的時候，會請大家練習寫詩。每次這樣進行，參加的人都是事前緊張不安，最後開懷大笑，熱愛人生。這個活動總能大幅提升信心。為什麼？因為職場上大多數人不是詩人，即使是最簡單的詩句，寫起來都令人尷尬。

不論你嘗試的是哪種策略，別怕向下調整。

太雄心勃勃的日常目標應該下修，以能輕鬆達成為原則。人對成功的反應一向不錯！盡早刻意設定目標，之後才能從中獲益。

不舒服

從小事開始固然是重要的第一步，但光是小還不夠。你不能寫兩行押韻的句子就說：「亨娜你看，我照你工作坊的課寫了一首詩！我一定是下一個艾蜜莉·狄金生（Emily Dickinson）！」練習機會的確要小，但也要讓你有點不舒服。

潘妮（Penny）是領導力教練和顧問，在電郵裡對另一個人講了不太好聽的話。「我本來是要找她的電郵地址，傳給兩個正在找教練的人。結果我在

『寄件』那裡找到以後，忘了先把她的地址刪掉就寄出去。幾乎是信一寄出我就發現犯了大錯。」

我和潘妮是在共同社交圈裡認識的，我知道她一直努力改進自己，很想改掉這種行為。「我受不了看到別人受委屈。」她說：「但我偏偏也讓人受委屈。」

當我們犯下理想中的自己不該犯的錯，原本便已尷尬的情境一定感覺更加尷尬。因為我們這時落入第三章談過的自我認同間隙，一邊是你認為自己應該呈現的樣貌（善良的後臺自我），另一邊是你認為外界看見的你（粗暴無禮的前臺自我）。當我們像潘妮一樣遇上這種情境，不自在的感覺必然倍增，因為我們原本以為自己是某種類型的人，也真心希望別人看見的也是如此。犯這種錯就像看見哈哈鏡裡醜陋滑稽的自己——我們只想趕快走開，絕不想多看一眼。

但別忘了一個矛盾：逃避尷尬只會提高尷尬。雖然見到自己不盡理想的一面感覺並不好，但逃避只會雪上加霜。

「我以前也受過這種對待，但我居然還是做出這麼不尊重人的事。」潘妮說：「我明明知道那種感覺，結果我犯了一模一樣的錯。」

從潘妮的話可以看出她真的有心改進。尷尬不是她抹不去的汙點，她找到機會道歉，重修舊好。當我們以自我改進為目標，就是開始相信尷尬情境不是用原子筆圈定我們的身分，只是用鉛筆淡淡勾勒的片刻。這件尷尬意外不能代表潘妮，只是她犯的一個錯。犯錯不是擦不掉的汙點，而是可以彌補的。

潘妮的確彌補了。「我只能道歉、送花，也為自己感到丟臉好幾天。整件事實在尷尬又難堪，但我不能逃避。最後我們總算讓這件事過去，和好如初。」雖然她絕不想再發生這種情況，但她說這次經驗有助於她度過其他工作難關，也讓她以尋求成長的心態追求挑戰。

你不必等到寄錯電郵再練習尷尬帶來的不適感。你可以主動追求這種感覺。

莎拉．布雷克利——廣獲好評的塑身衣和

女性服飾品牌 Spanx 的執行長，也不認為我們應該坐等時機到來才練習尷尬。她堅信我們應該刻意尋求不自在的機會，因為她深知駕馭這類情境需要練習，我們平時就該刻意讓自己陷入尷尬。

「我會毫無理由地在電梯唱歌，當著別人的面唱。不只我自己臉紅心跳，別人也一臉不自在。場面很尷尬、很丟臉。」她說：「我也會問我其實知道聽起來很蠢的問題。但我實在好奇，所以就問出口了。」

布雷克利雖然有辦法生產無痕內褲，但她將自己的成功主要歸功於刻意讓人看見自己的不完美。儘管她的公司市值目前超過十二億美元，她還是相信我們應該在日常生活中持續擁抱這種心態。在二〇二一年的一篇領英（LinkedIn）貼文中，她說：「我常故意去做尷尬的事。其實我還會主動去找尷尬的機會，讓自己擺脫對尷尬的恐懼。當尷尬變成目標，局面整個反轉。最後大腦會開始說：『嗯，沒那麼糟嘛，我還不是好好的！』再怎麼糟也不過是你多了個好故事。」

創業家薩希爾．布隆建議：雖然許多事情能輕鬆完成，但不妨每天挑一件提高難度，挑戰自己。在他的啟發之下，我擬了幾個尋找不自在的例子——換句話說，自討苦吃的例子：

- 雖然能夠線上訂餐，但今天改成打電話訂，和接電話的人閒聊幾句。
- 在公司會議結束前留一點時間，討論剛才某個環節怎麼做可以更好。
- 下次出現意見分歧，請對立各方多花點時間想想自己的看法，排定時間再次討論。
- 下次出現這種念頭：「天啊，某某某認為我是不折不扣的白痴。」請問問自己：「真的有證據證明他的看法嗎？」如果你真的有一些負面評價，世界末日就到了嗎？

不論尷尬場面是意外出現或是你有意為之，有計畫地選擇挑戰不自在的情境對我們有益：

- 尷尬和不自在的感覺不一定好，而且多少有點沒面子，但你知道嗎？有研究說在職場上露出一點尷尬和不自在也有好處，能讓你顯得更可愛、更有魅力、更好相處，因為你不完美反而能讓別人鬆一口氣。還記得我們在第四章談過的出醜效應吧？你的尷尬和笨拙其實能讓別人更喜歡你。

- 另外，如果你說了或做了令人尷尬的事，但刻意表現出尷尬和不自在，別人通常更容易覺得你值得信任、善良大度，往往也更傾向原諒你。切記，尷尬這種情緒狀態有一個有趣的弔詭：我們喜歡也欣賞別人展現尷尬，卻在本能上排斥別人看到我們尷尬。

別為了逃避熟悉的痛苦而犧牲不熟悉的收穫。

提高自我覺察有助於我們擁抱尷尬、甚至樂於追求不自在的情境。我想對許多人來說，已知的不自在比未知的可能性更為可親。所以，別為了逃避熟悉的痛苦而犧牲不熟悉的收穫。

尷尬峽谷

光是尋求小而不自在的情境，無益於你的尷尬特訓。比方說你開會時提出有點不切實際的主意，因為你能預見同事會有什麼反應，所以你有點不自在——做得好！但這樣做的風險不算高，我們還是必須多找機會躍過尷尬峽谷，練習跨出雖然讓你微微不自在、但仍能掌控的正常舒適圈。風險不必過高，但要足夠讓你臉紅心跳。

我們永遠不可能百分之百準備好躍過尷尬峽谷，因為「百分之百準備好」代表生命仍有某種確定性，但事實不是如此。為什麼要等到一切感覺完美才開始行動呢？走到峽谷邊緣時，以下這些想法常常會像強力膠一樣黏住你鞋底：

「如果要跳，我得弄清楚詳細過程。」

「我得確定能跳得漂亮。」

「我得用腳著地。」

這些想法很容易模糊我們的焦點，讓我們錯過最重要的一步：開始行動。切記，當我們開始告誡自己「不該」尷尬或「應該」比現在這樣更自然，就是在阻礙自己，這叫「阻礙型完美主義」（preventative perfectionism）。許多研究證明，人會在不確定自己是否足堪重任時扯自己後腿。我們會故意準備不足，這樣一來就能說自己還沒做好準備，也不必確認自己夠不夠好。

布隆曾說：「起步前的自我恫嚇是停滯的最大推手之一。我們把事情看得太艱鉅，結果根本不去做。」在站在尷尬峽谷邊緣的「ICC時刻」，這種情況特別常見。

如果你想等有縱身一躍的動機再跳，你恐怕已經輸了。「外科醫生並不總是想開刀，老師並不總是想教書，父母並不總是想煮飯，消防員並不總是想衝進火場。」作者兼創業家夏恩．派瑞許（Shane Parrish）寫道：「如果你任動機主宰你的行動，怠惰會順勢把你綁在原地。實際上是行動帶來進步，進步帶來動力，動力帶來動機。」

在我們思考如何練習和何時躍過尷尬峽谷時，擬訂具體策略很重要。

● 評估你的價值觀

躍過尷尬峽谷的重點之一，是在提高難度之前評估哪些風險值得你冒。而風險評估要做得好，你必須非常清楚自己的價值觀。如果你事到臨頭還在思考自己的信念究竟是什麼，找到縱身一躍的動力恐怕比登天還難。

心理表現教練柯林．亨德森對冒險毫不陌生，他很清楚將這些冒險和他的核心價值連結多麼重要。

「我有按照我的價值觀而活嗎？我的表現符合我重視的感恩、付出和成長嗎？如果某個互動讓我不安或緊張，只要忠於那次互動的動機，我通常能度過那些情緒。」他說：「但得事先做好準備。」換句話說，當你知道自己為什麼要鍛鍊跳躍的肌肉，鍛鍊起來容易得多。

成功的冒險和鼓起勇氣需要情緒連結。我們必須了解一場行動為什麼與自己的人生和抱負有關。在萌生脫離常軌的衝動時，我必須知道這股衝動底下醞釀的是什麼？如果不知道答案，就不太可能去做。

● 裝飾你的尷尬

另一種練習躍過尷尬峽谷的策略，是找出最令自己尷尬的特點和領域——然後想辦法用別的方式裝飾它們。堂森・韋伯斯特（Tamsen Webster）對我說，她的事業成就多半是在採用這種策略之後達成的。「我開始學會不要掩飾缺點，但要用別的方式裝飾它。」

韋伯斯特不論寫作或擔任行銷顧問都十分成功。可是有一段時間，有人反應她的部分教學內容太艱深、太複雜，讓一般聽眾丈二金剛摸不著頭腦。我得說，我有幸受過韋伯斯特指導將近一年，她是我見過最傑出的女性之一。我多麼希望有朝一日能像她一樣知性，連閒話家常都充滿智慧。不過，對某些人來說，她對專業領域的鑽研有點「太宅」。

韋伯斯特一向精益求精，自然不願忽視這種反應，但她也不願輕易妥協，改變作風。因此，她必須以不同的方式包裝她看似缺點的特色。「我故意表現得更宅，自己拿這件事開玩笑。」她說：「參加社群媒體行銷世界大會（Social Media Marketing World）之前我盤算好了，提到認知吝嗇者（Cognitive Miser）時，我順勢對聽眾說：『我超愛這玩意兒——也許愛得有點過頭。這樣吧，我們今天要宅就宅到底，來玩喝酒遊戲。要是我講得太深讓你們覺得像聽外星文，我們就乾一杯。反正你們需要補充水分。』」

韋伯斯特就這樣教了「三段論」[6]。她說，當時她「一點都不克制，不但講了故事結構，還講了基本邏輯論證。我像仙女保母包萍（Mary Poppins）一樣循循善誘，為他們加一大匙糖，讓他們吞得下去——但別想叫我改變本色。」聽眾反應熱烈。

韋伯斯特對我說：「我真不敢相信，結束後居然有那麼多人來找我，說：

6 也許你和我一樣好奇什麼是三段論：三段論是一種推理形式，由兩個已知或假設的前提推出結論。兩個前提各有一個詞項（term）為結論所有，但兩者共有的共同詞項（common term）或中項（middle term）為結論所無（舉例：所有的哺乳類都是動物。所有的大象都是哺乳類。因此，所有的大象都是動物）。學無止境。

『謝謝你在台上的表現，讓我們看見一個聰明、有趣、有點宅，卻不為此彆扭的女性，原來這些特質是能結合在一起的。』」

● 與你的社群一同躍過尷尬峽谷

《社會心理學期刊》（*Journal of Social Psychology*）有研究發現：一起嘗試新事物能提高團隊成員之間的關係滿意度，從事沒能立刻上手的活動時尤其如此。一起進行尷尬的嘗試，能讓最尷尬的峽谷也變得更容易躍過。

帶團隊工作坊的時候，我最喜歡問的開場問題之一是：「你們是哪一種宅？」其實每一個人都有古怪的癖好，有人迷《龍與地下城》（*Dungeons & Dragons*），有人是運動鞋收集狂，也有人偏愛收藏神情詭異的舊娃娃。我的癖好是尋找好吃巧克力，從藥妝店的巧克力，到從選豆開始全程手工製作的珍品巧克力，我全都喜歡。

當你開始創造讓人透露癖好的空間，團體成員很快能找到共同點，發現自己並沒有那麼奇怪和與眾不同。每個人都有自己沉迷的東西，迷什麼並不重要，重要的是你接受自己有這種癖好。你之所以會因此尷尬，很多時候只是因為你誤以為你是唯一一個有癖好的人。如果滿屋子都是和我一樣熱愛吉百利巧克力蛋（Cadbury Creme Eggs）的人，我的癖好就突然一點也不顯得尷尬，反而變成最正常的事。

我們也可以刻意捨棄閒聊，改採「尷尬對話」，以建立社群感、增加凝聚力。《人格與社會心理學期刊》（*Journal of Personality and Social Psychology*）有一篇報告非常有趣：研究團隊請參與者和陌生人談一些似乎過於私人的問題，例如：「你人生中最尷尬的事是什麼？」、「如果你曾經在別人面前哭泣，可以談談是為了什麼事嗎？」沒想到的是，這些相當私人的問題不但大幅減低對話的尷尬感、增加雙方的親密感，還讓過程比預期中愉快得多。參與者原本以為回答這些問題會十分尷尬和不自在，結果恰恰相反。

還記得第四章提到的薩蒂雅嗎？她參加公司辦的交際活動，一開始相當尷尬又不自在。後來她看到兩個和她一樣手足無措的人，鼓起勇氣上前攀談，對他們說自己和姊姊打賭今天要交兩個新朋友（尷尬！）。隨著三人陸續講開自己對這種場合多麼緊張和不自在，他們建立起情誼，一起躍過尷尬峽谷。

這是「尷尬對話」的一大諷刺——這件事感覺起來越尷尬、越奇怪，你和其他人就越能建立關係、樂在其中，事後也越是開心。

● 大方展現你的尷尬

說到尋找躍過尷尬峽谷的動力，我最喜歡的方式是大方展現我的尷尬。即便我們已經竭盡所能調整心態，尷尬情境對我們之中最有自信的人恐怕仍是兇暴的野獸。所以，有時我們能做的最勇敢、最真誠的事，或許是溫柔地鼓勵自己好好面對，為整件事灑上一匙幽默。

舉例來說，本人在交際活動上講過這些話：

- 「我現在沒什麼有意思的問題能問了，也不知道該說什麼才好，所以來問個比較沒意思的問題吧……你今天午餐吃什麼？」
- 「嗨，在這種場合找陌生人真的很尷尬，但交際之神說我今天應該認識一下新朋友，所以我來打聲招呼。」

- 「如果我今天離開這裡時發現最熟的是酒保，那就太不應該了。我向你自我介紹一下好嗎？」

你也可以只坦言你很緊張。記住，光是承認自己很緊張，就是讓別人有機會承認自己也很緊張。如果他們沒那麼焦慮，不妨鼓勵他們幫你開話題或給你一些支持。

凡妮莎．范．愛德華茲（Vanessa Van Edwards）是行為研究者、《和任何人都能愉快相處的科學》（*Captivate*）作者，或許也是我重拾尷尬運動的非正式共犯，在她這樣為書開場之後更是如此：「嗨，我叫凡妮莎，是個康復中的彆扭症患者。」有趣的是，她說許多人說整本書讓他們最有共鳴的就是這句話。在她承認自己的尷尬之後，不但自己比較不驚慌，別人也更加自在。

「不再掩飾尷尬之後，我像是拿了一面免死金牌還加上一張名片。」她告訴我：「就算我講了什麼尷尬的話也沒關係，因為大家都知道我是個尷尬人，我們可以一笑置之。這讓我比較少想太多，也吸引到一些和我一樣的人。」

范・愛德華茲的故事是很好的提醒，告訴我們大方展現尷尬能掙脫求認可心態的束縛。

● 決定何時已經「夠好」

最後，我們僵在尷尬峽谷邊緣的一大原因是：情緒不但會阻止我們做有益成長的決定，還會阻止我們做任何決定。感到不安的時候，我們總會急著擺脫那種感覺，生起強烈的衝動想逃避它。可是一旦順從這股衝動留在原地，稍後又會責備自己做錯選擇。於是我們陷入不行動的循環。

為什麼很多時候我們明明知道應該縱身一躍，卻停駐在峽谷邊緣文風不動？部分原因是：策略性冒險即使符合我們的價值觀，常常也是說來容易，做起來難。為邊緣化的團隊成員說話比保持沉默艱難得多，在不確定結果如何時更是如此。另一個原因是我們的完美主義傾向，這種傾向扼殺勇氣，也阻礙所有有意義的改變，既要求我們在確認萬無一失之前不要做決定，又不斷責備我們瞻前顧後、優柔寡斷。

這兩種問題都能以同一種方式解決：把重點放在心理學家茱莉・史密斯博士說的「夠好」的決定。以小而持續的進步為目標，不奢求一步登天，也不驟然扭轉生活或職涯軌道。

比方說你要去參加交際活動，可是人還沒上車，光是想到要和陌生人攀談就讓你渾身不自在。在這種時候，先別多想你得向多少人自我介紹，告訴自己：今天晚上，我只要用心和一個人好好交談就可以了。一口氣認識許多人或許是「對」的決定，但只和一個親切的人好好交流也已經「夠好」。

這樣的交談能讓你覺得對話並非難如登天，最終也能讓你願意不斷嘗試。不斷嘗試「夠好」的行動能為新的神經路徑奠下基礎，讓你隨著時間越來越能輕鬆面對尷尬情境。有些情境對你來說或許永遠不會變得不尷尬，但你會開始習慣，心理也能越來越強大。記住，鍛鍊心理肌肉本來就是我們的目標。

雖然我三不五時還是覺得騎飛輪是苦差事，但我的肌肉清楚它要面臨的挑戰，所以我還是能撐過去。適應尷尬的道理也是一樣。

● 將焦慮化為興奮

你可曾正在為了什麼事緊張或焦慮，卻聽見旁邊的人叫你冷靜下來？你通常會怎麼反應呢？（我的本能反應是立刻回嘴：「你才給我冷靜！」不然我還能說什麼？我本來就有點暴躁。努力改進中。）

冷靜之所以這麼難，是因為你必須從高警醒狀態（high arousal state）切換到低警醒狀態，這樣做本來就不容易。

在你非常需要鼓起勇氣時尤其如此。

在你設法承擔對你來說真正重要的風險時，更是如此。

可是，人焦慮時往往更傾向「放棄它，放棄它」，像碧昂絲在〈無可取代〉（Irreplaceable）中唱的一樣。這時請先停下來重新審視那種感覺，將它化為興奮。

哈佛大學教授及行為科學家艾莉森．伍德．布魯克斯（Alison Wood Brooks）博士在研究中發現：焦慮和興奮的唯一不同，是我們就這種感覺對自己說了什麼故事。當我們說的故事是抗拒未來可能發生的事，這種感覺是焦慮；當我們樂於迎接未來，這種感覺便成了興奮。

我們對自己說的故事力量龐大。當你手忙腳亂但堅定不移地朝目標邁進，你想對自己訴說哪一種故事呢？

歸根究柢來看，談到躍過尷尬峽谷，你選擇冒什麼險，正透露出你重視的是什麼。想像自己活出真心渴望的人生可能令你恐懼。但別把不安當成這樣做不對的暗示。容許不安，容許恐懼，只要你清楚自己的方向，就把注意力集中在興奮的感覺，勇敢一躍。如亨德森所說：「讓最多人卻步的是開始。」

保持視野

至此，你已經練習過小事、經歷過不舒服，也嘗試過躍過尷尬峽谷。如果想確保你的訓練效果能持續下去，你還有最後一步必須完成：在過程中保持視野。視野無比可貴，在你躍過尷尬峽谷、但還是懷疑自己的時候，尤其需要保持視野。

關於自我懷疑，Chief 共同執行長琳賽．卡普蘭和我分享過一個很不錯的比喻：

沒有人會和你一樣念念不忘自己做過什麼。我經常想到寫作。第一頁寫起來總是特別痛苦。感覺像你擁有的百分之百都在那一頁。可是等你寫完一本小說，等你寫完三百頁、四百頁，你會發現第一頁其實只占其中一小部分，一丁點而已。

在職場上，你越常發言，就越可能搞砸、失言、攪局、出糗。但請持續發言。因為即使出錯，做錯事的比例會越來越小。和你「勇敢無畏、激勵士氣、提升領導力」的發言比起來，你「搞砸」的次數就和你第一頁的別字一樣微不足道。

從某個角度來看，卡普蘭想說的是：練習輕鬆擁抱「ICC時刻」——

尷尬之後，就是進步的時刻——在很大程度上是數字遊戲。我看過作者兼創業家尼爾・帕斯瑞查（Neil Pasricha）的一句話：「上場挑戰的次數越多，成功的次數就越多。」我相信他說得沒錯。因為我自己的經驗也是如此。

小而不舒服的躍過尷尬峽谷經驗會日積月累，讓你練出肌肉。不要忘記這個事實，經常回顧對你有益。克麗絲蒂・杭特・艾斯卡特在《哈佛商業評論》中透露：里娜・奈爾（Leena Nair）——知名商界巨人和人力資源領袖，早年在聯合利華（Unilever）工作時，也有這個習慣。

奈爾常常是會議室裡為數不多的女性之一，這讓她有點不敢開口發言。但她想出辦法鼓勵自己鼓起勇氣達成一些小成就。「我準備了一本小冊子，每次我開口發言，就在上面畫一顆星。」我和她在倫敦聯合利華全球總部見面時，她對我說：「如果我發言五次，就畫五顆星。如果我的看法獲得熱烈迴響，我就畫上兩倍的星星。我用這種方式提醒自己。」

在一次又一次的小成就中，奈爾成為聯合利華第一位女性亞裔人資長，而且是有史以來年紀最輕的一位——後來更獲香奈兒（Chanel）延攬為執行長。

如艾斯卡特所說，勇氣能帶來更多勇氣。不論你採取的行動多麼微小，只要訓練，就有助於你鍛鍊每次所需的心理肌肉。但你如果沒有持續記錄這些微小的行動，會很容易忘記自己的進步。只要記錄，必有回報。

最後，如果你已多次躍過尷尬峽谷，甚至躍出自己的風格，請保持你的視野，牢記讓你成功的一切。成功的人都享有一定的優勢，如果我略過這件事實不提，未免太過粗心。躍過尷尬峽谷對某些人來說或許較為容易，因此，我們應該特別鼓勵和支持團隊中代表性不足的邊緣成員，保障他們為提升自己所付出的努力。看見他們的努力時，別忘了點出來給予掌聲。有能力時不妨扔條繩子到峽谷對面，幫更多人過來。

讓自己樂於尋找 SUCK——留意達成小事的機會，挑戰令你不自在的情境，躍過尷尬峽谷，隨時保持視野。用這些方法鍛鍊你的心理肌肉，好讓我們一起做出一番事業。

該防止的壞習慣

是這樣的，如果你真心希望做出一番事業，你必須小心幾種狡猾的壞習慣。如果有心尋找 SUCK 和訓練自己面對尷尬的良機，最好能做到以下幾件事：

- **（尷尬地）放下手機**

我要好言好語勸你一件事：在社交場合，請千萬、拜託**放下你的手機**

（唉，結果我還是用吼的。抱歉了，這件事實在太重要，我不得不大聲）。

為什麼呢？因為我們不可能一邊看手機，一邊拚命學習或是對社交場合保持好奇。手上拿著這麼一個分心小怪物，我們很難抵抗逃避尷尬的誘惑。我想我不必多解釋，因為你到處都看得到。不論在電梯、在超市排隊、在地鐵、在餐廳，還是在校車上，人們除了把臉貼在手機上之外，好像什麼事都不會做[7]。

不論尷尬引起的不自在是輕是重、是漫長或短促，科技都是逃避潛在尷尬情境最唾手可得的工具，和酒精、毒品或其他能麻痺不適感的東西一樣。請切記：尷尬是一種自我意識情緒，通常並不令人愉快，所以逃避它的誘惑非常大。我知道用外於自己的東西化解心中的不安有多麼簡單，這也是我日復一日必須面對的戰鬥。

但你的目標如果是變得更勇敢，你的任務就是想出怎麼面對尷尬，努力克服它。帶本書，找人攀談，留意牆上裝飾的變化。如果你能利用小場合多多練習，我保證你將來遇上大場面會更加勇敢。你的潛力就在眼前，它要你走近一點與它共舞。擁抱尷尬吧。

● 多多練習

勤加訓練、不斷練習聽起來容易，但遺憾的是大多數人選擇拖延，只願意花很少的時間練習重大職涯挑戰（如面試工作、上臺報告、與客戶會面），事到臨頭才走一步算一步，一旦失敗就不願再做。

一切交給臨場發揮的時候，我們很容易犯三種常見的錯誤：

1. 在最後一刻臨時變卦，改變原本準備的話。
2. 不斷覆述自己向來習慣的答案，而不是自己**真正想講**的話。
3. 像前面提過的一樣：我們扯自己後腿。「我覺得練習讓我緊張，所以我把練習時間減到最少。」

7 不信？二〇二三年的 YouGov 調查發現：31%的受訪者（超過九千人）曾經因為不想和別人共乘電梯，就忙不迭地按下關門鍵。認罪時間：你這樣做過嗎？（我有！）

不行，萬萬不可。切記，練習是因為擔心自己表現不夠好，也是為了避免自己真的表現不夠好。但我們不會讓後一種情況出現，因為我們會做練習，也會準備好。

逃避我們擔心**可能**發生的事，才是讓尷尬場面變得更糟的頭號大敵。你可能因為擔心尷尬而打退堂鼓，但你每天練習的事會變成新的舒適圈。如果你想駕馭讓你緊張的事，盡可能練習就對了。

● 別拿謙虛當擋箭牌

最後、或許也最重要的是：小心別把恐懼被別人看見當成謙虛。我要請你離開掩蔽，更全面地暴露自己，做出更勇敢、更大膽的選擇。在我們恐懼躍過尷尬峽谷的時候，謙虛是太方便用來掩飾自己膽怯的遁詞。但同樣地，你不會拿謙虛當擋箭牌，因為你做得到，而且我會罩你。

只要牽涉到改變行為，加快速度之前常常必須先放慢腳步，所以別急。手忙腳亂但堅定不移地依自己的速度前進，還是比卻步不前來得好。看清自己根深蒂固的行為模式尚且需要高度悟性，何況加以改變？所以，請對自己溫和一點。

但也別忘了：如果提升自己是你的目標，如果勇於冒險和選擇對你非常重要，你必須給自己找難題、讓自己陷入尷尬，訓練自己好好面對。

雖然我們把焦點放在未來，但我們現在慶祝的不是結果，而是鍛鍊跳躍肌肉、縱身一躍。請把這種訓練當成我們能為彼此喝采的事。你越常給自己躍過峽谷的機會，就越常手忙腳亂，但你也會進步越多。我們不必坐等機會來臨，可以主動創造機會。

- 每天刻意要求自己和團隊做天生不擅長的事。
- 讓有助於鍛鍊肌肉的低風險活動成為職場常態（尤其是那種讓我們當下稍感困難的活動）。
- 最重要的是，我們可以打造能安全進行訓練、甚至鼓勵這種練習的環境。

越是在小事中訓練自己，就越有可能在大事中展現勇氣。拿重大時刻當練習的代價我們承擔不起。我們必須在小事上練習。

確認自己能達成目標的唯一辦法，就是在練習中展現你做得到。練習能讓你做好張開雙臂歡迎一切的準備。

雖然你能用這章提供的策略練就這些技能，但對於高度追求成就、有心盡快看到成效的尷尬族同胞，我還想分享另外兩種策略。它們是我最喜歡的尷尬訓練法，我將在接下來兩章分別介紹。

呃，這好尷尬！

沒有人比莎拉・布雷克利更懂尷尬得一塌糊塗的威力。儘管布雷克利是Spanx創辦人，是雄心勃勃的企業家，可是她在走往成功的路上經歷過不少尷尬。拉斯維加斯（Las Vegas）商展上那次是她最難忘的之一。

在創辦 Spanx 之前，布雷克利已經挨家挨戶推銷過七年傳真機。儘管如此，她從沒在商展這種規模大、強度高的場面推銷過商品，所以她登台時既尷尬又緊張。雖然開場時不錯，但她突然開始結巴、忘詞。觀眾開始偷笑，她尷尬得滿臉通紅。

但她沒有飛奔下台，反而善用這尷尬的一刻，拿自己忘詞開玩笑。觀眾大笑，放鬆，布雷克利繼續以自信、有力的態度介紹自家商品，最後獲得大量訂單。商展人員後來對她說，她當時擁抱尷尬、以幽默化解緊張的表現，大大提升了觀眾對她的親切感和信任感。

雖然布雷克利並不對尷尬臉紅免疫，但她的回購率又快又高，因為她從小就被教導擁抱尷尬的力量，不要逃避，也不要閃躲。對她來說幸運的是，她從來不缺尷尬時刻，多的是機會練習。

第一次去英國宣傳時，她獲邀接受 BBC 直播訪問，預計將有超過一百萬人收看。那次訪問她至今記憶猶新。

訪問者問：「莎拉，可以請你談談 Spanx 對英國女性有什麼幫助嗎？」

我露出超級燦爛的笑容，說：「是，我們的產品是針對屁屁（fanny）。能讓屁屁線條滑順，托高屁屁，緊實屁屁。」我立刻發現我一定犯了什麼大錯，因為訪問者突然面無血色。他趕忙打岔，問：「我想你要說的是臀部，對吧？」我說：「對，就是臀部。」直播結束後，我才知道「fanny」在英國是指陰道。如果這件蠢事有什麼好處，那就是往後沒什麼事嚇得倒她了。她把這種尷尬時刻和錯誤當家常便飯：「只要能一笑置之，就能從中學習。」她開玩笑說。

這種讓人本能上感覺如此糟糕的情緒，真的能轉化成有益的東西嗎？數據的答案是肯定的。我喜歡用幾種小技巧溫柔擁抱尷尬，其中一種和布雷克利一樣：策略性地運用幽默。幽默可以有效化解尷尬情境產生的緊張，讓人有理由轉移焦點，放下當下的不自在，轉而共享驚奇、愉快的經驗。不僅如此，我們還知道幽默有其他益處。

幽默有益大腦

人陷入尷尬情境時往往覺得緊張或難堪，而這兩種情緒都會提高皮質醇（壓力荷爾蒙）。幽默可以幫助我們更快化解這些感覺，讓大腦回到更放鬆、更有創意的狀態。它是怎麼做到的呢？

研究顯示，幽默只要用對地方，只要一點點就能讓人信任你、覺得你是個有自信的人，因為笑能刺激大腦釋放催產素，提高我們的社會連結感。在此同時，笑也能抑制大腦釋放皮質醇。兩種機制的結合能幫助你安定神經、建立情緒韌性、降低焦慮。

在尷尬情境中，我們能用幽默承認和回應尷尬本身，藉此緩和氣氛，幫助每一個人放鬆，解除現場的壓力。以幽默回應尷尬時，我們基本上在說：「沒錯，這種場面的確讓人渾身不自在，但我們現在可以笑笑自己，讓場面輕鬆一點。」

問題是，笑和幽默通常走不進辦公室或 Zoom 等候室。蓋洛普（Gallup）曾調查一百六十六個國家的一百四十萬名受訪者，結果發現：人每天大笑或微笑的頻率，大約從進入職場開始大幅下降。這份調查問受訪者前一天是否大笑或微笑，小孩子通常馬上說：「是！」可是從二十三歲開始，回答前一天曾笑的受訪者大幅降低（週間尤其如此）。人之所以一上班就不笑，原因之一是我們一踏進辦公室，就變身為超級重要的專業人士，連帶失去幽默帶來的一切驚人好處——可是在生活中最尷尬的時刻能幫助我們的，也正是這些好處。

笑因出乎意料而起。比方說我們以為某人要轉彎，結果天外飛來一張披薩。尷尬和幽默都出自事態發展不如預期，所以它們都是我追求勇氣和自信的良伴。只要幽默用對時機，我們就能伸出雙手擁抱尷尬，而非拒它於千里之外。

幽默對你有益

在《幽默：面對人生與工作，你最需要的軟實力》（*Humor, Seriously*）中，史丹佛大學（Stanford University）教授娜歐米・拜格多納斯（Naomi Bagdonas）和珍妮佛・艾克（Jennifer Aaker）提到海蒂・羅森（Heidi Roizen）的故事。羅森是事業有成的矽谷鉅子和風險投資家，曾領導多家大型企業（如蘋果），備受敬重，後來成為幾家雄心勃勃、高知名度科技公司的董事。在清一色是男性的會議室裡，她經常是唯一的女性。

在其中一家公共科技公司的董事會上，羅森逐漸發現一種令人挫折的模式：每次休息時間結束重新開會，別的董事總是繼續談他們在男洗手間裡聊過的想法——有時甚至已經做出決定。羅森對此著實氣惱，決定親自解決這個問題。到了下一次休息時間，她輕描淡寫說了一句：「如果你們繼續在男廁裡討論，我只好跟進去了。」

「她的方式簡單、輕鬆，讓人不由得卸下防備，於是——成功。羅森說她那句話引起哄堂大笑，她的同事如她所願做出改變。」拜格多納斯和艾克說：「她表達了看法，但點到為止，沒有指責任何人。既讓她的同事注意到這個問題，也給他們保留餘地，沒讓他們失了面子。」

為什麼羅森的辦法這麼有效？布拉德・畢特利（Brad Bitterly，密西根大學羅斯商學院〔Ross School of Business〕博士後研究員）和艾莉森・伍德・布魯克斯（哈佛商學院企管副教授）曾研究幽默在職場上的運用，他們的結論是：稍微展露自嘲和尷尬，能讓別人覺得你更自信也更能幹。他們的研究發現：在心理安全、脈絡恰當的情況下用對幽默，對工作環境的活力大有助益。

「（幽默能）影響及強化團體中的地位層級，建立互信和優質工作關係，從根本上形塑人們對彼此的看法，例如某人有沒有自信、能力、人情味、溝通清不清楚等等。」畢特利和布魯克斯在《哈佛商業評論》的文章裡寫道：「它也會影響許多重要的行為和態度，例如員工工作績效、工作滿意度、組織忠誠、奉公行為、創意、團體內的心理安全、未來是否願意再次互動等等，這些行為和態度都與領導效能息息相關。」換句話說，只要稍微展現自嘲式幽默就能帶來許多好處，也能為工作增添更多樂趣。以下是幾個自嘲式幽默的例子：

- 腦力激盪會議上：「我其實有一百萬個點子，但只有三個左右稱得上好主意，請忍耐我一下吧！」
- 做報告時：「我還在努力練習上台講話，希望我的冷笑話能讓各位別注意我正瑟瑟發抖。」
- 績效考核時：「我非常確定我最大的弱點是無法抗拒公司的免費點心。我保證會努力改進！」
- 在電郵中：「抱歉上封信打錯了幾個字，我的鍵盤八成想整我。下次我一定好好檢查。」
- 在凝聚團隊向心力的活動上：「我對運動不算在行，比笨手笨腳的話我倒是有信心拿金牌。今天沒有跨欄，對吧？」

記住，在職場上運用自嘲式幽默的關鍵是輕鬆有趣，但要留意不要流於自憐或過於負面。以輕鬆的方式開自己玩笑能化解尷尬的緊張氣氛，打造更輕鬆、更正向的工作環境。

自嘲式幽默也是沖淡負面消息、不安全感和緊張的良方。研究顯示，當我們以輕鬆、幽默而非正經八百的方式透露自己的缺點，別人會覺得我們更溫暖、友善和自信。另一份由畢特利和華頓商學院（Wharton）教授莫里斯・史威瑟（Maurice Schweitzer）進行的研究發現：以輕鬆、幽默的方式坦承自己數學能力有限的求職者（「我會加減，幾何就謝謝再聯絡。」），給人的感覺比一本正經透露這項資訊的求職者（「我會加減，幾何不太行。」）數學更好。

雖然珍妮佛・勞倫斯在奧斯卡頒獎典禮上絆到禮服，跌了一跤；雖然海蒂・羅森發現別的董事在男廁繼續談公事和做決策，覺得被排擠，但透過展現幽默，她們不但減輕了不自在的感覺，還顯得更自信、更友善、更可愛也更親和。

以幽默化解尷尬情境

在職場上適當運用幽默和輕鬆，固然是化解尷尬的好辦法，可是在當下要這樣做似乎違反直覺。雖然在情況不如預期的時候，嚴肅以對才是我們的本能，但幽默能幫助我們在承認不自在和尷尬之餘也展露自信。

以下是幾個能專業又有效地運用幽默的策略：

❶**以極度誠實發揮幽默。**在溝通時結合幽默和完全坦誠的練習，可以讓幽默發揮加乘效果，因為這有助於我們在更深的層次連結，即使是不自在的情境亦然。在本書寫作期間，有一封電郵的截圖在網路瘋傳，標題是「需要延期」，內文是「嗨瑞秋，我顯然不是時間管理大師」。這種情況原本十分尷尬也不自在，但寄信者的敘述方式令人發噱，反而讓人忍不住會心一笑。

❷**用輕鬆的態度緩和錯誤或誤解。**用幽默放鬆心情，化解緊張氣氛，減輕尷尬情境引起的負面情緒（如困窘或怒意），創造出相互了解、相互同理

的機會，讓彼此產生正面連結，進而修復已經造成的損害。

我在前一間公司曾與一名年輕主管共事將近三年，他叫艾瑞克（Eric）。有一次開會他提到我：「我想接下來可以交給漢娜處理。」我驚訝得顧不得掩飾一臉驚愕，問他：「漢娜？我們一起工作了三年，結果你以為我叫漢娜？」雖然我非常善於擁抱糾正他的尷尬，但艾瑞克滿臉通紅，開始坐立不安，後來在會議上也不怎麼講話。那天稍晚我接到他的電郵，開頭是「嗨，亨娜（不是漢娜！）」，最後這樣結束：「明天早上見。開始前，我會練習你的名字二十遍。」他本來可以繼續尷尬下去，但透過溫柔地鼓勵自己好好面對，以輕鬆的態度處理這件事，他在我眼裡大大加分。雖然失誤，但他的做法讓他顯得更有自信。姿態小，影響大。

海蒂．羅森、珍妮佛．勞倫斯和我的前同事艾瑞克的例子在在證明：出乎意料的幽默和自嘲式幽默，在許多職場對話裡效果極佳。但你必須斟酌運用時機和方式，以下是幾個基本原則：

❶只在心理安全空間運用幽默。心理安全指團體或團隊有信任感和相互尊重。人有心理安全才能自在發言、表達意見、勇於冒險，不怕受到譏嘲、拒絕或報復。在安全空間裡，幽默可以成為建立關係和創造良好氣氛的有力工具。

前IBM主管鮑伯．盧索（Bob Russo）講過一個例子：有一次開會，某主管講完話之後沒什麼人回應。那名主管見場面不如想像中熱烈，自己評論了一句：「呃，感覺像在教堂放了個屁！」這句話效果很好，當時已經有點緊繃的氣氛因笑聲煙消雲散。而且這句話沒有針對任何人，大家是一體的。這樣的幽默不僅大方允許團隊成員卸下防備，也創造出他們將來仍可仰賴的心理安全，鼓勵其他人也能擁抱自己的尷尬，最終為勇氣、革新、創意開拓出更多空間。

不過，不是每個環境都和盧索的一樣，幽默得體與否的標準隨職場而易。如果你不確定某個玩笑或評論別人接不接受，最好還是謹慎一點，不要脫口而出。盡你所能觀察和評估氣氛。如果你真的為玩笑開了頭，只有你能決定能不能更進一步。

❷幽默要用對脈絡。以幽默擁抱尷尬時應契合當下情境，務求適切得體。這代表你必須考慮受眾、場合、正在討論的議題，以及其他可能存在的文化或社會規範。芝加哥哥倫比亞學院（Columbia College）教授安妮．黎貝拉（Anne Libera）指出，觀察幽默的灰色地帶有三大要點：

1. 認清：實際情況。
2. 痛苦：有身體的痛苦和情緒的痛苦，後者包括困窘和尷尬。
3. 距離：在場的個人或團體離你的幽默主題多遠。距離分時間上的（「太急了！」）、地理上的（主角是親人或遠方的人）和心理上的（某件事和我們的個人經驗關係多深）。

以我合作過的一個團隊為例，他們的經理科特（Curt）剛處理完棘手的裁員問題，不難想見留任的成員對近日的變動仍心有餘悸。那個團隊關係緊密，被裁員的法蘭克（Frank）和麗姿（Liz）與他們私交甚篤，驟然失去朝夕相處的同事仍令他們感傷。裁員完的第一次會議平常是由法蘭克主持，那天換成科特代打。為了讓氣氛輕鬆一點，科特以玩笑開頭：「就讓法蘭克來為我們報告最新消息吧！」

太急了，科特。你太急了。

用對脈絡的時候，真相能化解尷尬，創造精采無比的幽默時刻，可是在誤用或用錯脈絡的時候，反而會冒犯別人，加深分歧——若是造成痛苦或距離太近更是如此。

❸職涯早期或初任新職時不要幽默行事。你在特定領域的專業和能力越強，開玩笑或使用出人意料的溝通方式越安全。但你如果剛到新公司或剛進職場，幽默行事恐怕會遭到誤解，讓人以為你沒有嚴肅看待當下的問題，或是不願意為自己的錯誤負責。

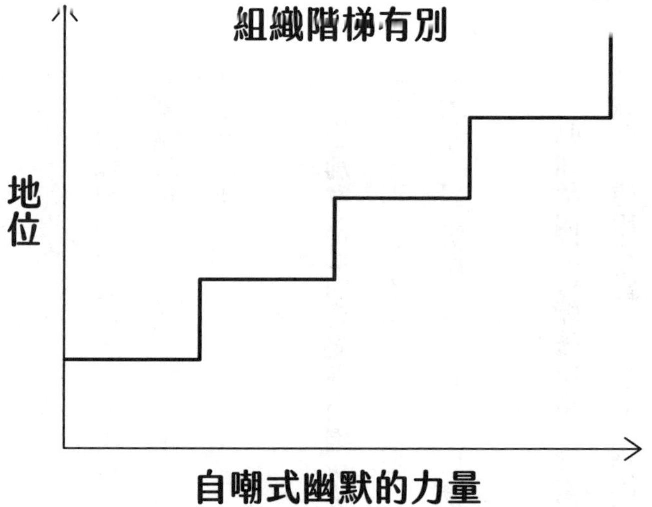

資料來源：《幽默：面對人生與工作，你最需要的軟實力》，
珍妮佛．艾克及娜歐米．拜格多納斯著

舉例來說，當團隊會議因意見分歧而出現尷尬的沉默，你可能會想緩和氣氛，拋出一句：「嗯，從好的方面來看，至少我們一起面對問題。大家都是一個團隊的，就一起忍辱負重吧！」如果是團隊中更資深的成員拿「忍辱負重」解嘲，或許能被善意解讀，但新的團隊成員這樣講話，恐怕很難不引人側目。

運用幽默時，具不具備「陰德值」很重要。所謂「陰德值」，指的是你犯錯時可以拿來功過相抵的社會資本，通常需要時間和經驗累積。如果你已建立一些功績，也已贏得隊友和同儕的信任，想幽默化解尷尬情境卻弄巧成拙時比較可以全身而退。但你如果剛進組織或剛擔任新職（剛剛認識一群新朋友時也是一樣），在運用幽默處理尷尬情境之前最好先觀察一陣子。

❹**別拿自己的專業開自嘲玩笑。**如果討論中的技能或資格是你的關鍵專業能力，別跟著起鬨。舉例來說，平面設計師拿自己的稅務能力自嘲可能無傷大雅，但拿自己的設計能力自嘲只怕授人以柄。

❺**如果幽默可能破壞信任和溝通，寧可不用。**心理學家黎安·戴維提醒：幽默要是使用不當，可能變成被動攻擊（例如：「這個報告是誰寫的？幼兒園小朋友嗎？」）。幽默最好能強化你和別人的連結，促成「我們都在同一條船上」的感覺。如果玩笑造成的是「我們」和「他們」的對立，讓事態更糟、

情況更尷尬，這種幽默就不得體。舉例來說，當你用開玩笑的方式「下剋上」（對職場上地位較高的人開玩笑），通常能給人勇敢、有自信的感覺，因為大家會覺得是「我們一起」開老闆玩笑。但你若「大欺小」（尋地位較低的人開心），可能會摧毀信任感，破壞企業文化[8]。在職場上地位越高，往往越難體會哪些玩笑在社交上是得體的，所以，請努力提高你的覺察。

喜劇演員賽斯・梅爾（Seth Meyers）講過一個訣竅：「我很懂得分辨自己什麼時候是真笑、什麼時候只是禮貌的笑。越能在自己身上分辨，就也越能在別人身上分辨。」

幽默的漣漪效應

對於幽默，每個人的品味和喜好終究不同。拿電影《拿破崙炸藥》（*Na-*

8 艾克和拜格多納斯說，「上對下的幽默」往往採取自嘲的形式，因為你地位越高，開別人玩笑就越可能誤入「大欺小」的雷區。

poleon Dynamite）來說，雖然我自己覺得十分歡樂，但我工作上最好的朋友說她巴不得把生命中那八十六分鐘討回來。學習運用幽默更像藝術，而非科學。若能好好練習到運用自如，它可以是我們學習如何擁抱尷尬的最佳利器。

策略性地運用幽默，不僅能讓我們在面對尷尬時更有自信，也能大幅提升自己和周遭的人的心理安全感。對領導者來說，幽默能幫助領導者結合親和力和權威感，在現代職場上，這兩種特質對打造合作無間的常勝團隊缺一不可。幽默的益處能引起深遠的漣漪效應。

幸運的是，有一種特殊的幽默能幫助每一個人加速適應尷尬。想進一步了解它嗎？且讓我們放下偶包，前往即興表演學校。

以即興技巧將良性尷尬帶進團隊

「想到尷尬的時候，我想到的是小時候我經常因為尷尬弄得自己很糗。我有點笨手笨腳，也有點遲鈍。我是我家族這一輩年紀最小的，沒人把我當回事。」

崔維斯·湯瑪斯（Travis Thomas）現在事業有

成，不但是喬夫喜劇體驗班（The Jove Comedy Experience）共同創辦人，還著有《三個詞擺脫困境：活出・沒問題・另外》（*3 Words for Getting Unstuck: Live Yes, And*）。小的時候，他非常想當妙語如珠的開心果，不料卻經常成為大家的笑柄。

「所以我想，我還是有當成開心果吧，不知不覺就當上了。」他對我說。

隨著年紀漸長，湯瑪斯驚訝地發現自己對各式各樣的舞台活動情有獨鍾——這種活動偏偏特別容易讓人陷入窘境。他的朋友和同儕怎麼想也想不透他怎麼會冒出這種新嗜好。當著一大群人面前講話不覺得彆扭嗎？上台表演出了差錯恐怕丟人現眼，他都不在乎嗎？

湯瑪斯沒有被這些疑慮嚇跑，雖然頭幾次即興表演的確如眾人所料，渾身不自在。

「現在回想即興表演入門訓練，我學到的是忘掉一切你預設能逗人開心的點子。我原本以為我是去學怎麼說話好笑，可是當你（在即興表演中）努力搞笑，感覺會非常彆扭和不自在。」他解釋道：「即興表演之所以有趣，就在於表演者是依據事實做出有趣選擇的真實的人。是他們的個人視角讓他們獨一無二。」

如湯瑪斯所說，即興表演和單口喜劇或刻意搞笑不一樣。單口喜劇的重點是讓人「哈哈大笑」，即興表演仰賴的是機靈和適應環境的能力，透過隨機應變度過混亂和不確定，重點是推動劇情發展，而非為別人「表演」。

當我回想生命中和職場上那些散發自信、令我由衷敬佩的人，我發現他們未必幽默風趣，但他們對自己的選擇似乎有堅實的篤定。他們永遠是對的嗎？絕對不是。他們有時也會犯低級錯誤和做錯選擇嗎？當然會。但我始終敬佩他們不畏做出選擇。

這些散發自信的人是即興表演大師，懂得仰賴自己培養的技巧度過尷尬或不確定的處境。他們著力培養的是什麼技巧？是歡迎不可預測性，是專注當下，是運用創意適應環境、回應挑戰。珍妮佛．勞倫斯並沒有事先想好要是領獎時絆倒要用玩笑化解尷尬——她是即興發揮。如果想讓尷尬為你所用，即興發揮的能力極為重要。我們可以向專業即興表演者取經，他們的技巧正是我們增進相關能力需要的。

即興喜劇的基本原則是「沒問題，另外」（Yes, and）思考。想推進一場戲，參與者必須接受搭檔在對話中增添的內容，並以這些內容為基礎繼續擴大，不無視對方。舉例來說，如果有人說：「我們假裝參加音樂節吧！」你不能說：「不要，我討厭音樂節。」但可以說：「沒問題，另外，我們也想像這個音樂節辦在巴基斯坦的小村子裡吧！」

雖然你的行事曆將來未必會填上巴基斯坦音樂節，但你應該把學習「沒問題，另外」思考技巧寫進計畫。儘管職場對這條即興表演經典原則已不陌生，但它仍是擁抱尷尬之旅的重大步驟，因為它能幫助我們訓練手感——而且收效快速，立竿見影。

即興表演如何幫助我們度過尷尬時刻

請想像一下：你和平常一樣過日子，但突然發生出乎意料的事。也許你遇見你一直受不了的老同事，或是「偷偷」接了一通私人電話才發現麥克風忘了關靜音。這種時候我們可能手足無措，不知道下一步該怎麼做才好。但別怕！只要學過即興表演，你一定能發揮創意，像專業人士一樣迅速想出度過突如其來的尷尬的辦法。

「言行無法預測。」芝加哥大學布斯（Booth）商學院行為學家及教授希瑟・卡盧索（Heather Caruso）說：「雖然你大略知道和老闆開會或和朋友聊天會是什麼情況，但人生大多數時候沒有劇本。」卡盧索認為人類行為和社交互動都是即興的，在這種意義上，即興表演設定的條件和職場上一再出現的情況其實很像。

然而，大多數人沒有機會學習和練習「沒問題，另外」思考，在工作場合尤其如此。事實上，大多數人仍對環境中的危險嚴陣以待，避之唯恐不及。千百年來，我們的大腦已經學會過濾資訊，對職場上遭到拒絕、不認可和強烈反應的經驗記得特別牢。如神經學家瑞克・韓森（Rick Hanson）所說：「我們不斷尋找負面資訊，先是過度反應，接著立刻將這些反應存進大腦。舉例來說，我們從痛苦中學習的速度比從快樂中學習更快，負面互動對人際關係的影響比正面互動更深。事實上，我們的大腦對壞事像魔鬼氈，對好事像不沾鍋。」

在職場上不知道該做什麼或說什麼的時候，尷尬感已直奔頂峰。如果我們決定放膽一猜，卻誤解了別人的需求，結果給錯東西，感覺甚至更糟。我記得有一次開會，我鼓起勇氣質疑每天晨會都要報告數據似乎稍嫌繁瑣，但我馬上被「公司這樣要求我們就這樣做」一句話打發。如果你曾經在職場上提出不錯的主意卻被忽視，你一定清楚自己下次還有多少熱情提出建議（低於零是多少？）。對我來說，那種感覺並不好受。雖然我已經是那個團隊最資深的成員之一，但感覺好像我的想法一點也不重要，大家都盯著我看，眼裡寫著：「你幹嘛提這個？」

人天生就有一些傾向（例如明明沒人看你，但你覺得大家都在看你），練習即興表演技巧能為這種天性帶來我們需要的心理彈性。早期研究指出即興表演就像某種形式的暴露療法，將參與者放在安全但會造成焦慮的情境，逼他們度過不確定性，透過練習與合作建立信心。

因《週六夜現場》（*Saturday Night Live*）和《超級製作人》而家喻戶曉的演員蒂娜．費講過，演出即興喜劇和喜劇小品的經驗對她極為重要，大大幫助她泰然面對冒險和擁抱尷尬。接受Oprah.com訪問時，她說有一天坐在芝加哥公寓的地上，她突然領悟檔案夾上的「沒問題，另外」意義遠大於即興喜劇。「生活就是即興表演。一時之間，上過的那些課對我來說彷彿成了天啟。那些訓練已經深深滲入我的生命，改變了我。」在她長久而成功的舞台生涯中，她遇過無數次意外和尷尬時刻（例如二〇〇九年在《超級製作人》直播演出時跌倒）。然而拜訓練之賜，她很快能輕鬆看待這些插曲，把它們變成有趣的題材。難怪她是今日喜劇界最成功、也最受敬重的女性之一。（對了，蒂娜，如果你看到這段，我們交個朋友好嗎？）

即興表演先鋒凱斯．強史東（Keith Johnstone）說，想成為傑出的即興表演者，你必須放下恐懼，不怕被人說瘋狂、犯錯或表現不佳。但做到這點並不容易。當風險發展不如預料，不論風險多小，我們的歸屬感都會受到威脅。

人很容易產生一種疑慮：「要是我那樣說，別人會怎麼看我？」這對每個人來說都是一道難關，在職場上尤其如此。但請記得：每一位值得銘記的領袖，在建功立業的路上都遇過尷尬情境。當一個人甘冒天下之大不韙，甚至願意犯錯，經常能為公司或世界帶來有意義的改變。

雖然我們沒辦法換個更符合現代社會的大腦，但心理學家和神經專家都已指出「沒問題，另外」的好處，認為這種思考模式能減輕我們感受到的威脅。這種方式不是直接潛入危險急流，而是先用腳趾探探水溫，略做嘗試。先從小事做起，看看有沒有效。以我提建議卻被忽視的例子來說，我當時其實可以說：「沒問題，公司要求的話的確應該給個交代。另外，開完會後我想和大家分享一下想法。我覺得有個方式可能可以加快會議流程。」

高階主管教練帕蕾娜．尼爾（Palena Neale）在《富比士》（*Forbes*）雜誌的文章裡這樣說：「不論是史丹佛和麻省理工（MIT）的商學院，還是福特汽車（Ford Motor Company）和勤業眾信（Deloitte）等大公司，都接受也支持即興發揮的好處。」他們將即興表演技巧融入主管教育和專業發展課程，在軟技巧上看見巨大成效，不僅工作人員真誠度和靈活度大幅提升，決策也更為精準。

我也對即興表演技巧的優點深信不疑。讀過皮耶．維多里歐．馬努其（Pier Vittorio Mannucci）、戴韋德．歐拉其（Davide Orazi）、克莉絲汀．德．瓦克（Kristine de Valck）等三位教授的研究之後，我將他們的成果應用於企業團隊工作坊和引導課程。他們發現：即興表演技巧對組織靈活度非常重要，善於即興表演的領導者和團隊成員應變能力傑出得多，更有辦法輕鬆處理意外、逆境和挑戰。我曾透過互動練習帶領團隊建立和提高即興表演技巧，讓他們能運用於改變環境和度過不確定性——如果我們希望自己遇上尷尬情境時能正面迎擊，就必須強化這些技巧。

這些課程的成果令人驚喜不斷，連原本最為抗拒的人後來都折服它的優點。你知道最棒的是什麼嗎？它甚至不花你多少時間。

據彼得．費爾斯曼（Peter Felsman）、薩努麗．古納瓦德那（Sanuri Gunawardena）和柯琳．賽佛特（Colleen Seifert）近年發表的研究，只要練習即興表演二十分鐘，受試者對不確定的忍受度就有所提升。相較之下，依劇本練習的受試者沒有。「咻！」一聲，只要玩二十分鐘即興表演遊戲，就能讓人感到自己對改變更有準備。如果平時經常練習即興表演，你能想見我們的團隊會變得多麼強韌、多有適應力。

透過即興表演練習面對尷尬

即興表演基本上是在沒有安全網的環境中創新，是隨時依變化調整，而非照事前規劃進行。即興表演是心理彈性的操作系統，拜新冠疫情之賜，許多人都已被迫認識它。但鍛鍊即興表演肌肉有益無害，有助於我們為下一次尷尬的職場對話做好準備（或是為下一場疫情做好準備——我操之過急了嗎？）。

我的意思是應該放棄一切準備嗎？當然不是。事到臨頭才見招拆招絕不聰明，我相信許多人都嘗過不做計畫之後兵荒馬亂的滋味。我們該做的只是降低對準備的期待。萊恩·霍利得（Ryan Holiday）在《每日斯多噶》（*The Daily Stoic*）中說得好：制訂計畫不是因為計畫保證完美，而是因為「沒有計畫的人就像沒有強力領導的士兵，更可能被征服或潰敗」。

預做準備和即興發揮之間可以找到平衡。想培養對平衡點的嗅覺必須有心，也必須排練。所以，你的新目標是帶著計畫進入情境，但保持靈活，不要太過拘泥。讓你的計畫像是寫在沙上，而非刻在水泥上。確保方向清楚之餘，也準備好迎接對話和情境隨時的變化，並相信自己的靈活和即興發揮能力足以處理意外。你的計畫應該要能應付突如其來的轉折，不讓自己因此失去平衡。

湯瑪斯說，即使經過多年練習，每次上台表演即興短劇他還是會緊張。不過，每當他在台上開始失去信心，他也總有辦法讓自己回神。「最大的誘惑是開始想：好吧，接下來會怎麼發展？我該怎麼控制場面？」他說：「突然間，你不再專注於當下，錯過那一刻，也錯過回應那一刻的機會。這種時候我會提醒自己：現在只回應這一刻就好，一次回應一刻。」

專注當下是即興表演最重要的工具之一。我做招聘工作那段時間聽過不少回饋意見，客戶最後決定不錄取某個求職者的原因經常是：「他們沒有真正回答問題。」一緊張的時候，我們往往急著背完準備已久的五分鐘自我介紹，拚命吹噓自己的能力，不斷強調自己就是這份工作的不二人選，結果根本沒仔細聽對方講了什麼。殊不知練習聆聽對方此時此刻的提問和發言，才是對當下情境和談話對象做出適切回應的關鍵。

想在職場上善用「沒問題，另外」心態和技巧，最終需要的仍是練習和堅持。將這兩個詞的短語融入日常生活，妙用無窮。即使你從沒正式上過即興表演課，經常練習還是能幫助你減輕焦慮，帶領你走出羞怯，鼓勵你接受新的挑戰，好處多不勝數。

「只要你夠丟臉過，而且挺過來了，你就知道沒什麼大不了的。」湯瑪斯說：「恐懼門檻也會跟著變低，因為最糟還能怎麼樣呢？也不過就是讓自己像個傻子。既然如此，我照自己喜歡的方式去做就好了。」

所以，下次你準備談加薪、在重大會議上發言、向顧客推銷產品，或是知道某個對話可能會令你不自在，請練習即興技巧。

如何快速練習尷尬

我們已經談過刻意練習的重要性，培養「沒問題，另外」技巧也不例外。透過刻意練習和排練特定即興技巧，我們能把大腦訓練得更靈活、也更能適應尷尬情境。

為你自己好，只要對話出現歧見，請好好把握機會練習「沒問題，另外」技巧。克服辯解、否定或阻止對方說下去的衝動，看看「沒問題，另外」能如何讓彼此冷靜下來，讓對話變得比較不尷尬。

如果你想增進團隊擁抱尷尬的能力，不妨邀請幾位成員一起做即興表演練習。以下是第二城市即興喜劇劇團（Second City）的幾個例子：

❶**字母對話。**給兩個人一些設定，請他們用設定想像一個場景（例如兩

者的關係、為什麼他們可能會起爭論等等），接著開始對話——但每句話必須依字母順序開頭。

字母順序規則能幫助他們把速度放慢，這有助於他專注當下，更留意對方講了什麼。雖然難度會隨著對話進行提高，但這個練習的設計原本就是為了鼓勵雙方發揮創意，在種種限制下找到能讓對話持續的方式。這樣的練習能鍛鍊心理肌肉，讓你在高度壓力之下仍能擁抱意外或尷尬情境；這樣的練習也有助於團隊學習靈活、合作和適應力。

❷一起編故事。這個練習有兩種方式。一種是請大家圍成圓圈，就設定好的主題（名人、東西、目的地等）編故事。參與者輪流形塑敘事，每個人每次加上一句話。另一種練習方式是請五到十個人圍成一圈，每人每次貢獻一個詞，逐漸編出新的故事。這種練習能讓參與者很快了解平衡的重要，自己固然有種種想法和期待，別人同樣也有，沒有人能掌控結果。「這個」、「還有」這種詞彙的重要性和「烏龜」、「野兔」一樣。任何看似微不足道的貢

獻對全局都至關重要。

這種練習和字母對話一樣，一方面需要團隊成員對彼此極度專注，另一方面也能幫助大家坦然接受自己無法控制結果——這正是建立尷尬忍受度的關鍵技能。

❸對話接龍。請甲乙兩人對話，但乙的句子必須以甲說的最後一個字開頭，反之亦然。曾在[9]勤業眾信擔任主管的彼得・馬加里提斯（Peter Margaritis）說，這種練習在他的工作坊十分受歡迎：「這種練習讓我們學到必須從頭到尾仔細聆聽，因為（在工作坊的對話中）最後一個字或許是最重要的，不專心的話很容易漏聽關鍵。」這種練習需要參與者集中精神，專注當下，靈活回應對話夥伴剛剛講的話，即便對方的話完全出乎自己預料亦然。

[9] 確認過他現在已經離開勤業眾信：https://petermargaritis.com/

❹「謝謝，因為」。兩人一組開始對話，內容不拘，但每句話都要用「謝謝」開頭。這種練習強調的是即興表演的關鍵概念：同伴給你的一切都是禮物，應該心存感謝。當喜劇演員或領導人創造出歡迎也重視貢獻的環境，人們自然樂意提出更大膽、更坦誠的建議，也更勇於冒險。

我和團隊做這個練習時總是有人翻白眼，因為剛開始的時候，大家往往擔心大量的「謝謝」聽起來尷尬或老套。老實說，他們是對的。這些突兀的「謝謝」一再打斷對話自然的節奏，但這正是我們要的。如果我們有心打破平常的模式，在既定情境中尋找好的部分，亦即救贖式故事——就得這樣練習。這不僅能訓練大腦從尷尬中尋找積極面，還能創造重視感謝、珍惜與合作的文化。

對「沒問題，另外」說沒問題

人人都能在日常生活中多練習「沒問題，另外」，並從中獲益。當你改變對於尷尬的想法，把原本負面、不安的視角轉為好奇地尋找可能性，就能幫助自己擁抱生命中無可避免的尷尬。對尷尬的時刻說「沒問題，另外」，就是主動以開放的態度迎向它、探索它。

不論當下的情境多麼令人無地自容，我們一定能找到接受它和拓展它的良機，藉此鍛鍊自己的心理肌肉。這樣做不僅能為成長和學習帶來新的機會，還能慢慢建立我們的尷尬忍受度和心理彈性。

如果尷尬是與沒有劇本的人生碰撞的症狀，即興技巧就是成功駕馭這些時刻的藝術。

良性尷尬：改變的觸媒

和我們一樣的人好多好多

如果承認我們都常小小丟臉，也許能給自己帶來一點安慰。例如：回頭狠狠瞪著絆倒自己的人行道路面／向顯然是朝我們背後的人揮手的人揮手／Zoom 會議結束後、掛斷前的最後幾秒／蹲進唯一一間廁所，卻有人敲門的無言時刻／上 Google 搜尋自己／承認是自己的錯／請人幫忙／交出自己的心／我們都是口袋裡放了電腦的原始人／不然還是什麼？

琳賽・羅許
Lyndsay Rush

蓋伊・拉茲是知名播客節目《我的創業路》（*How I Built This*）主持人（也是同名書籍作者），在節目中談過不少全球頂尖公司背後的故事，還有它們顛簸、曲折的成功之路。

凡妮莎・范・愛德華茲曾為自己的「人學」（Science of People）頻道訪問過他。由於兩人不約而同鼓勵擁抱尷尬，范・愛德華茲趁機問拉茲：「你見過許多令人驚嘆的成功人士，對吧？他們是不是都很容易尷尬？大多是內向還是外向？表現尷尬沒問題嗎？」拉茲回答了一段金玉良言：

對我來說，尷尬是我們最棒的特質之一。我也是容易尷尬的人。拜託一定要相信我。我打從骨子裡就是內向的人。雖然我能在幾千名觀眾面前主持大型現場節目，但那對我並不容易。雖然我上過《今夜秀》（*Tonight Show*），也參加過一些知名度很高的媒體節目，但我每次都很緊張。不過，我在這行也做了二十多年，現在已經比以前好很多。我從很多公司創辦人身上看到，隨著他們開始達成小小的成就（他們也開始找到自己的魅力）：

麥可・戴爾（Michael Dell）是我見過最容易尷尬的人之一，但他創辦了傲視全球的頂尖科技公司，戴爾電腦。
五人幫漢堡（Five Guys）的傑瑞・穆瑞（Jerry Murrell）——超級容易尷尬，但也強得可怕！很了不起的人。

傑克．伯頓．卡彭特（Jake Burton Carpenter），單板滑雪先鋒，伯頓滑雪板創辦人——尷尬！人有點怪，但實力驚人，我很喜歡他。過世的凱特．絲蓓（Kate Spade）也是這樣，上節目時很完美（私底下也很容易尷尬）。

尷尬是真實的。所有有夢想的人，所有想法能改變世界、顛覆成規的人，一定多少帶點尷尬。這種特質很重要。讓它為你所用。

拉茲說，練習能讓擁抱尷尬變得越來越容易：「這靠的是練習。我們都有能力找到魅力。」

但想找到這種魅力，我們必須先接納和擁抱尷尬這種人類共通的感覺。不論尷尬對你而言是個人特質或暫時狀態，你都必須讓自己相信這個事實：尷尬是你的祕密武器，能啟動最勇敢的你。

尷尬能讓一個人的成就超乎預期，我就是活生生的證據。我從不認為自己與眾不同，也真的不希望和別人不一樣。我就是個不完美、不優雅、充滿渴望、還算聰明、做事努力卻亂糟糟的人，但我有一個長處——我懂得挪出時間和空間讚美和欣賞自己所有的面向：我會花時間慶祝自己的成績和感激的事，也會花時間承認和擁抱生命裡的尷尬時刻——不論是微不足道的小失誤，或是我巴不得忘掉（卻因此學到很多）的大錯。

如果我做得到，你也一定可以。

在網飛（Netflix）紀錄片《史塔茲的療癒之道》（*Stutz*）裡，心理學家菲爾．史塔茲（Phil Stutz）用畫圖說明人生就像一串珍珠，串在上面的每一顆珍珠都有黑點。那些黑點呢，他說，是屎。人生裡沒有十全十美的事（如果有也極少），每件事總是有缺憾，唯一的差別是有時屎大、有時屎小。但每一顆珍珠都有屎。

越快接受每一個人都尷尬過——而且越需要勇氣時，越容易尷尬——你越能在必要時勇敢展露真實、不完美的自己。只要生而為人，就不可能避免尷尬。所以，你不妨驕傲地戴上你那串充滿屎的珍珠，因為其他人也都戴著他們的。

我盼望你努力成為完整的你，絕不完美，但有足夠的勇氣發掘自己的潛力，而不是成為一個只想討人喜歡、不斷為迎合別人而演戲、假裝的你。

我們有向上司、同事呈現的外在形象，也有真實的自己，但我們太常混淆這兩種身分，在社群媒體竭力模糊兩者界線的此刻尤其如此（依 Instagram 濾鏡視角，我鼻子小巧、沒有毛孔，睫毛翹到天花板）。

上午做簡報時你或許看似落落大方、揮灑自如，心裡卻極其焦慮，隨時瀕臨落淚……這樣還算落落大方、揮灑自如嗎？如果你的精采簡報靠的是不斷演練和不懈努力，確實令人敬佩；但如果你的精采簡報背後是整晚失眠、焦慮、擔心得不到認可，恐怕不足為訓。雖然簡報的結果似乎一樣，但可長可久的只有一種。

「你不等於你的工作，不等於你銀行帳戶裡有多少錢，不等於你開的車，不等於你錢包的厚度，更不等於你他媽的卡其褲。」

——《鬥陣俱樂部》（*Fight Club*）

鍛鍊尷尬肌肉時，我們變得比較不在意別人怎麼看我們的行為和結果，比較在意的是哪些行為、努力、選擇能幫助我們達成那種結果。

「你如果沒做好準備，很快就會看到血淋淋的結果。」麥可・波特（Michael Port）在《做個人人推薦的好講者》（*The Referable Speaker*）中說：「但你如果已做好準備，你的自我價值將不再倚賴別人的認可。你評價成果的標準會變，變成你是否認真磨練自己選擇的技藝、是否真心尊重你的觀眾。」

前雅虎（Yahoo!）執行長梅麗莎・梅爾（Marissa Mayer）也說，做好準備是她處理自身社交焦慮的關鍵，在職涯早期尤其如此——當時整個會議室常常全是男性工程師，只有她一名女性。

她會花許多時間研究和準備會議或上台講話，這樣做能讓她比較有信心。預先投入時間比較容易縮小自我認同的間隙。她也會在重大活動前用視覺化技巧安定神經。她還會故意想像最糟的情況，先設想要是真的發生該怎麼處理，這讓她感覺更有準備。

梅爾透露，她許多年來會故意把自己推出舒適圈，好讓自己更適應社交場合。舉例來說，為了練習溝通技巧，她上過公開演說課，也參加過地方劇團。為了能與人相處更自在，她會設法和他們建立私交，問一些有些人會覺得尷尬的私人問題。她發現這樣做之後，更容易和他們在職場上溝通。

為生命中的社交意外和不可避免的尷尬做好準備，是梅爾成功的祕密武器。她不但領導雅虎股價翻倍、推動好幾項創新計畫、多次名列《財富》雜誌「商界五十大最具影響力女性」，二〇一三年還獲《時代》雜誌選為「全球百大最具影響力人物」。

你的目標如果是和梅爾一樣能幹，很棒，努力訓練和排練能幫你達成。但你如果是以零缺點為目標，恐怕會白忙一場，而且你越是努力，別人可能越不喜歡你。擁抱尷尬吧，把精力集中在你能掌握的事——也就是你能練習的事。

如果你發現自己偏離軌道，卡在尷尬峽谷求認可那頭，不妨試試以下幾個小訣竅：

❶**獎勵自己。**追求夢想的路上別忘了獎勵自己。在鼓起勇氣尷尬嘗試時不激勵自己、鼓舞自己，很容易再次陷入只以成敗論英雄的心態，殊不知日常生活中的微小勝利都有助於你長遠的成功。記錄「ICC時刻」，為每一次躍過尷尬峽谷喝采，慶祝手忙腳亂跨出的每一小步。改變的魔法就在其中。

❷**當一隻鳥。**當你陷入自我認同間隙，進退兩難，聽見心裡的聲音不斷斥責自己，請放慢腳步，直到你能拉遠距離，鳥瞰來時路。距離太近的時候，我們往往看不清自己從何開始、現在身在何處、接下來又會在哪裡。看不見起跑線的時候，我們無法好好珍惜自己正在跑的馬拉松。定期鳥瞰一路走來的路，能幫助你保持正軌。

❸**以毒攻毒。**如果你想為自己現在的表現自豪到痛哭流涕，只需要做一件事：回去看看和目前任務相關的舊作品。我現在準備主題演講的時候，會

去看看以前主題演講和帶工作坊的「錄影帶」，還有自己早年做的投影片。有的真是恐怖，尷尬到我全身起雞皮疙瘩（我當初絞盡腦汁想了一些金句，希望聽起來又潮又響亮。現在只覺得……糗）。

為小事鑽牛角尖的時候，很容易忘記自己已走了多遠，回顧舊作能幫助你看見自己的進步。稍稍回顧過去的尷尬，對調整現在的視角大有助益。

我們多半以為敢冒險的人一定自信滿滿，相信嘗試一定能成功，但弔詭的是：你必須去做沒自信的事，透過信任自己、相信自己有解決之道。平時加緊練習就是你的解決之道，笨手笨腳尷尬地嘗試是唯一的路。

雅莉安娜．哈芬登、莎拉．布雷克利、蓋伊．拉茲、梅麗莎．梅爾和許多人之所以有現在的成就，是因為他們刻意練習。還記得第五章提過的稅務經理摩根嗎？她後來找了一位前輩，一次又一次練習怎麼向老闆辭職，直到能自然而然把話說出口。拜訓練和培養尷尬容忍度之賜，她不但接下了那份工作，還升遷三次，現在已經擁有她夢想中的工作。

人越不願意忍受尷尬，就離職涯和人生夢想越遠。如果你想獲得高薪、負責更有挑戰性的工作，就必須提高承擔風險和尷尬的意願——即使你不確定能否成功亦然。

去犯錯吧！讓自己手忙腳亂，擁抱尷尬。這是你學習的方式，這是你成為你所認識最勇敢的你的辦法。尷尬是你的超能力。在這個人人能把自己修圖修到毫無特色、假裝自己什麼都有的世界，我敢說尷尬非常有魅力，甚至——性感？

如果你想更接近你的夢想，今天就對自己承諾你願意多嘗試尷尬的對話、多經驗不自在的情境、多忍受笨手笨腳的失誤。只要比昨天好就是進步。如果你想更接近你的夢想，就去尋找「ＩＣＣ時刻」，讓美好的事發生。

來一點尷尬對你有益。

我第二次去ＴＥＤ演講時的題目是：「現代世界的誇耀新方式——適度誇耀，樂在其中」（The New Way to Brag in the Modern World——And Feel Good Doing It）。我提到我們應該調整誇耀的動機，從單單證明自己，改成與周遭的人一起慶祝成功。所以與你，我親愛的讀者——一起慶祝這本書的誕生，似乎是不錯的開始。

現在就讓我們停下來，一起說：你和我，寶貝，我們做到了！

一本書的價值取決於讀者——也就是相信書中的訊息，並樂於分享它的人。也就是你。你是我持續寫作的原因，你和書中其他人一樣，也是這本書的一部分。為此，也為了許多其他的原因，我感謝你。你對我意義深重，我好高興你在這裡。

如果你堅持講話應該精確一點，那麼，實際動筆的人的確是我——而我為此無比自豪。但請別誤會，一本書絕不是一個人努力就能完成的。事實上，我最後之所以能拚完初稿（雖然寫作過程中我老是分心，甚至想半途而廢），都是拜我身邊的啦啦隊之賜。是他們激發我的潛力，督促我堅持下去，為我加油打氣（尤其在我開始欲振乏力的時候），鞭策我克服一路上的種種尷尬、混亂與不完美。

我從五年級開始就想寫書，從我有記憶以來就喜歡寫作。但步入成年和自己創業以後，我一直在想：「我絕不要當那種為寫書而寫書的人。如果要寫，一定要寫那種打從心底爆發的東西。」能找到並在這裡釋放這些訊息，完全是因為過去幾年許多人的啟發、回饋、愛和鼓勵。

感謝我美好的丈夫伊恩——沒有你我不可能寫完這本書，而我百分之百確定我不想一個人做這件事。這些年來與我作伴一定是有趣的新挑戰。雖然你一直知道你娶了一個胸懷大志的女人，但你八成沒想到創業讓我愈發雄心萬丈。你從不懷疑我能做到我選擇的任何目標，不論它們聽起來多麼瘋狂或不切實際，你對我堅定的信心總提醒我應該相信自己。最重要的是，你也總是提醒我對工作和家庭的投入絕不衝突（尤其是那些莫名不安的日子），即使這代表我連續幾天把自己關在辦公室、一個星期有六天晚餐叫外賣（好啦，其實是七天）。你是聖人，我對你的愛超過言語所能表述。

感謝我無與倫比的孩子萊拉和贊恩，你們是我生命中最好的作品。雖然這本書是為職場讀者而寫，但我希望你們知道它也是為你們而寫。我所做的一切都是希望能告訴你們：有足夠的信心、充分的努力，加上願意手忙腳亂但堅定不移地採取行動，你們任何事都做得到。這幾年來，你們看著我為犯錯失望落淚、排練 TEDx 演講頻頻出包、寫作卡關或找不到意義時舉手投降，你們真的是坐在第一排看媽媽示範「做得尷尬還是要做」。但願你們都能帶著這些收穫走得很遠很遠。我為你們驕傲，好愛你們。

我要特別感謝堂森．韋伯斯特，因為你改變了我的人生。我永遠不會忘記在波士頓和你對坐桌前那天，我說我打算打安全牌，選擇小一點的挑戰，你直直看著我的眼睛，對我說：「亨娜，以你的腦袋，你的能耐不只如此。」

你一次也沒讓我浪費時間自我設限，也從不給我低於我潛力的任務，對此，我永遠感謝。這本書能問世是因為你，我能有現在的職涯也是因為你。是你教我如何引出心中絕佳的點子，還有如何調整我的表達方式，讓我的訊息能真正改變我所服務的人。我深深感謝你的支持、你的智慧，以及最重要的——你的友誼。

感謝我的出版和編輯團隊：光輝媒體實驗室（Radiant Media Labs）的黛伯菈・艾格（Deborah Ager），謝謝你幫我梳理混亂的想法，整合成值得出書的論述，還在我最需要脫困時為我解套。感謝有如天使的潔諾薇拉・羅薩（Genoveva Llosa），以我永遠無以為報的方式理解我的想法。羅希特・巴加瓦（Rohit Bhargava）、梅根・惠勒（Megan Wheeler）、瑪妮・麥可馬宏（Marnie McMahon）、卡默隆・布萊楊－塞吉耶夫（Kameron Bryant-Sergejev），以及點子出版（Ideapress Publishing）的全體團隊，謝謝你們從第一次對談就相信《良性尷尬》，更讓我第一次出書的過程不但平順，而且有趣。艾瑞克・寇斯特（Eric Koester）和創作者協會（Creator Institute）的團隊，謝謝你們最初激發我寫書的熱情。布瑟爾漢・喀撒里（Bousselham Khassali），你美麗的視覺設計讓這本書活了起來。感謝幾位超棒的試讀者提供無比珍貴的回饋，是你們的建議將初稿醜陋的原石打磨成亮晶晶的蘇聯石（在燈光昏暗時還滿像鑽石的）。

感謝原本是我前輩、後來成為摯友的凱特・歐尼爾（Kate O' Neill）、凱倫・懷特（Karen Wright）、黎安・戴維、珍妮特・布朗尼（Jeanette Bronee）、黛比・馬歇克（Deb Mashek）、米契・喬（Mitch Joel）——我不知道我做了什麼值得你們大方花時間指導我，但我絕不會停止驚嘆我竟有這般好運。謝謝你們願意和我討論我的想法，也不吝給我回饋、指導和建議，你們的幫助對我的職涯發展和這本書彌足珍貴。

感謝「心態無限」和 Chief 的同事，在這段原本可能十分孤獨的旅途上給我友情支持，做我的後盾。我要特別向柯林・亨德森、喬安娜・羅曼（Joanna Lohman）和艾蜜莉・高登（Emily Golden）送上飛吻——在過去幾年的創業旅途上，我有幸認識了許多新朋友，但你們對我尤其重要。謝謝你們成為我原本不知道自己需要、結交之後才深幸有緣相識的人。你們一直以來的支持和無條件的愛對我意義深重。是你們讓我成為更好的人。

感謝麥可（Michael）和愛咪·波特（Amy Port）及英雄公開演講學院（Heroic Public Speaking）進階班上的同學，我的心屬於你們，謝謝你們點燃我的火焰。「尷尬是超能力」的想法源於CORE的命運之日，我從此沒有擱下。謝謝你們在我的旅程中扮演如此重要的角色。

感謝過去幾年一直支持我、鼓勵我的死黨和家人（我真擔心漏了寫誰）：桑妮（Sunny）、琳賽（Lindsay）、安迪（Andy）、凱莉（Kellie）、貝絲（Beth）、瓊恩（Joon）、亞力克斯（Alex）、蜜雪兒（Michelle）、亞德里恩（Adrian）、薩爾曼（Salman）、娜法妮雅莉（Navanjali）、我在EY的好姊妹，還有柯林（Colin）、梅格（Meg）、爺爺、奶奶，以及許多我雖然沒有寫到、但無疑和我很親的人，你們的友誼是我的動力

最後，當然也是最重要的，感謝我父母雅各布（Yacoob）和塔拉·莫臣（Talat Merchant）。四十年來，他們一直是我最大聲的啦啦隊和最大的支

持者，以後也將如此。你們來到美國時雖然身無長物，卻有偉大的夢想和堅韌的心。你們給了兩個女兒無比美好的人生，還有我們想要的一切機會。你們讓我知道空想而不付諸行動只是做白日夢，你們的人生故事和敬業精神是我的典範。從你們身上，我學到如何回應心裡的呼喚，堅持追求夢想。為了你們，也為了所有已經發生、尚未發生的事，我願以大大的「如真主所願」（MASHALLAH）為這本書作結。別擔心，我已經在濟貧罐裡放了錢。

Keynote
Speaker

想辦《良性尷尬》讀書會嗎？

請上

www.pryoritygroup.com/goodawkward

下載閱讀指南

裡面有一些提醒和適合討論的問題。要不要準備貝果和氣泡飲料就交給你們決定囉！

與亨娜同行

（算了，與我同行。老實說，還有什麼比假裝成另一個人代我寫這篇更尷尬呢？）

希望這本書只是你擁抱良性尷尬的開始。我希望你繼續挑戰，在職場上解鎖新一層的勇氣，嘗試更多冒險。換句話說，如果你正在思考下一步該怎麼做，我很樂意與你同行。來吧，聯絡我，我們一起尷尬。我已經準備好了。

我們可以採用以下幾種形式：

演講和工作坊

如果你喜歡這本書裡的概念，我很樂意親自把它們送進你的下一場活動或會議。從單場演講到套裝行程，我們都可以按你的主題、人數、需求量身定製。除了廣獲好評的講座以外，我也提供同樣受歡迎的領導力和團隊工作坊，以及專業引導課程，適合主管、有志更上一層樓的專業人士和追求銷售／營收成長的組織參加。

「尷尬就是力量！」主題演講（和其他熱門講座）相關資訊，請見：www.pryoritygroup.com/speaking

和我聯絡

交個朋友吧！

官方網站：pryoritygroup.com/connect

電子信箱：info@pryoritygroup.com

LinkedIn：linkedin.com/in/hennapryor

Instagram：@hennapryor

Facebook：facebook.com/hennapryorcoach

國家圖書館出版品預行編目資料

良性尷尬：尷尬不是壞事，它能為你創造優勢 / 亨娜．普萊爾 (Henna Pryor) 著；朱怡康譯 . -- 初版 . -- 臺北市：平安文化，2025.3　面；　公分 . --（平安叢書；第 834 種）(UPWARD；171)
譯　自：Good Awkward: How to Embrace the Embarrassing and Celebrate the Cringe to Become the Bravest You
ISBN 978-626-7650-16-5（平裝）

1.CST: 人際關係 2.CST: 人際傳播 3.CST: 社交技巧

177.3　　114001637

平安叢書第 834 種
UPWARD 171

良性尷尬

尷尬不是壞事，它能為你創造優勢

Good Awkward: How to Embrace the Embarrassing and Celebrate the Cringe to Become the Bravest You

作　　者—亨娜．普萊爾
譯　　者—朱怡康
發 行 人—平　雲
出版發行—平安文化有限公司
台北市敦化北路 120 巷 50 號
電話◎ 02-27168888
郵撥帳號◎ 18420815 號
皇冠出版社（香港）有限公司
香港銅鑼灣道 180 號百樂商業中心
19 字樓 1903 室
電話◎ 2529-1778　傳真◎ 2527-0904
總 編 輯—許婷婷
副總編輯—平　靜
責任編輯—陳思宇
美術設計—鄭婷之、李偉涵
行銷企劃—薛晴方
著作完成日期— 2023 年
初版一刷日期— 2025 年 3 月

法律顧問—王惠光律師

讀者服務傳真專線◎02-27150507
電腦編號◎425171
ISBN◎978-626-7650-16-5
Printed in Taiwan
本書定價◎新台幣 380 元 / 港幣 127 元